你可以選擇

這樣愛自己

目 contents 錄

PART 1 正確認識自己

PART 2
拒絕自卑，成功在望

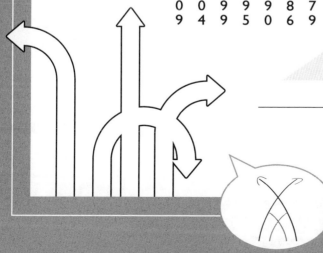

{目 contents 錄}

PART 3 快樂使人更有價值

PART 4 生活的調味料

目 contents 錄

PART 5 精力旺盛，出類拔萃

PART 1

正確認識自己

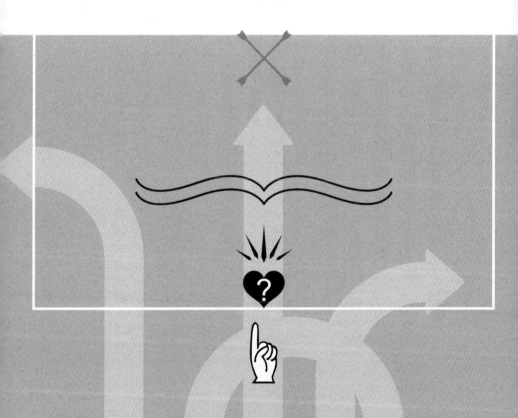

不要急著低頭

懂得「適應環境」，是精神上和肉體上獲得成功的鑰匙。

人生最大的難題，莫過於古希臘哲人達勒斯所說的：「知道你自己！」各式各樣的「算命」方法（手相、面相、易經、八字、血型、星座等等）的流行，說明人們迫切地「想認識自己」，但卻又很難真正的認識自己。

許多人談論某某成功企業家、電影明星時，總是讚不絕口，可是一談到自己，便一聲長歎：「我不是成材的料！」他們認為自己沒有出息，不會有出人頭地的機會，理由不外乎是：「生來比別人笨」、「沒有好的家庭背景」、「沒有好的運氣」、「沒有偏財運」……等等。

要獲得成功就必須要擺脫自卑的心理，並相信「天生我才必有用」，請記住愛琳諾・羅斯福的一句名言：「不經你的同意，沒有人能使你自覺低劣。」

在希臘帕爾納索斯山南坡上的神殿門上，寫著這樣一句話：「認識你自己。」古希臘哲學家蘇格拉底最愛引用這句格言教育眾人，因此後世人們往往錯誤地認為這是他講的話。這其實是家喻戶曉的一句民間格言，是希臘人民的智慧結晶。有意思的是，古希臘的這句格言，直到今天還是非常有意義。

詩人艾青經常陪外賓去訪問齊白石。有一次，外賓走後，齊白石顯得很不高興。

艾青問他為什麼，他說：「外賓看了我的畫，沒有稱讚我。」

艾青說：「外賓稱讚了，是你聽不懂而已。」

齊白石說，他要的是外賓伸出大拇指。

連齊白石這樣譽冠東西方的人，也未必能正確認識自己。

現實社會中，有人因為無法「正確認識自己」，才遭受一點點的挫折、打擊，就悲觀、失望、苦惱、抱怨、徬徨，終日唉聲歎氣，在無所作為之中虛擲光陰。

惟有先「看清了自己」，才知如何取長補短，才知什麼位置適合自己，才有新的努力方向，才知哪裡是自己的禁區，才知什麼時候該小心謹慎……

以下是某廣告公司總經理當年進入廣告界的經過：

在二十歲以前，這位總經理渴望成為一名技師。在學校時，他就很努力地充實自己有關這方面的知識。有一次，他想賣掉自己的一部音響和唱片，於是選出了幾位對這方面有興趣的朋友，分別寫信問他們是否有購買的意願。

其中一位朋友看了信之後非常願意購買，於是立刻回信，在這封回函裡，這位朋友不斷地誇讚他文筆流暢，頗具說服力。因此便建議他，既然能寫出這麼有魅力的推銷信函，為什麼不投入廣告界從事撰寫廣告的工作呢？

朋友的這封信，就像一粒石頭丟入水中，激起了陣陣漣漪，「投入廣告界立志做個出色的廣告人」的想法就此整日盤旋在他腦中。

如果從另一個角度來看，當他立志要在廣告界一展身手時，他便已經成功地透過他人瞭解自己了。

人生實在是奇妙，不管我們是如何地認定自己，哪怕那種認定是不好的或有害的，最終我們的人生必然會依循那種認定。

「每個人都具有特殊才能」，既然如此，每個人應該在各方面都能儘量靈活運用自己的這項特殊才能。事實上，偏偏有很多人以為自己所具有的這項才能，只是一些不登大雅之堂的「小聰明」，根本不曾妄想過利用這項「小聰明」來提高自己的價值。正因為我們怠於思考自己所擁有的才能，所以也懶得活用上天賜予的最佳禮物。

要獲得成功，就必須要先「認識自己」，堅信「天生我材必有用」，並盡力把自身的潛力發揮到極限。要樹立正確的自我觀念，正確對待自己、正確對待別人。擺正自己在團體中的位置，並能在複雜變化的社會環境中，適時變換自己的角色，按照角色的不同要求，調整自己的行動。

有了正確的自我意識，就能對個性的發展進行自我監督、自我反省、自我強化、自我批評和自我控制，以保證自己確立的人生目標得以實現。

大多數的成功者表現出一種現實的自我覺察，承認每個人都是一個有明顯區別的個體。他們能覺察到周圍事物的細微變化，更能覺察到由於遺傳和環境給自己造成的缺陷，可以借助於鏡子看到自己眼睛後面的東西，用別人的眼光去看待自己。

成功者有著非凡的能力去認識他們自己與周圍環境的關係，去認識每天影響著自己生活的人和事。懂得「適應環境」，是精神上和肉體上獲得成功的鑰匙。

「自我覺察」能使我們自己瞭解自己是什麼樣的人，瞭解自己在現實生活中所扮演的角色、潛在能力和將來要去承擔的角色及要達到的目標。他們從經驗中，或憑藉著洞察力、反饋信息、判斷能力等，不斷學習和加深對自己的瞭解。他們在生活中不是單靠出力氣做事，而是時常動腦筋及思考。他們習慣以最誠實的方式鑒別一切，他們不欺騙別人，也不欺騙自己。

一般人對自己的個人形象，從自己的身體外觀、品德和才能、優點和缺點、特長和不足、過去和現狀以至自己的價值和責任，總會有一定的認識。然而，自己對自己的這些認識是否符合自己的實際情況？就會出現許多差異。

有些人容易看到自己的優點和長處，而看不到自己的缺點和錯誤；有些人雖然看得到自己很多的問題，但卻看不到自己的主要問題；也有些人看到自己的弱點和不足，卻看不到自己的一點長處。

在面對你的形形色色目光中，你自己又能否準確無誤地分辨呢？你是否從這些評價和議論中吸取有益的營養而豐富自己、改善自己呢？還是喪失了自主精神，淹沒在他人的議論中呢？

別誤解自己

衝破習慣的枷鎖，你會發現另一個「我」存在於自己的心中。

對自己的認識，也和自己對客觀世界的認識一樣，需要有一個瞭解和學習的過程，並不像照鏡子那樣簡單。在日常生活中，我們也常處於各種不同評價和議論的包圍之中，有人會讚美你、稱頌你；有人會批評你、責備你；甚至還有人輕視你。那麼在各種議論中，究竟哪一個「你」是真實的呢？

下面幾點建議有助於你發現和正確認識自己。

一、孤獨面對自己

現代人總是陷於煩瑣的日常事務和人際關係中。這使得我們根本無暇去瞭解自己內心的需要，不知道這一切到底是不是我們內心的真實狀態。

人際關係中的「待人接客」，你表現得熱情周到、爽朗大方、樂此不疲，而內心深處也許你更想獨自一人看書、做畫；也許你受當今成功的價值誘惑，硬著頭皮精明強幹，縱橫商場、職場，掙得汽車洋房、躊躇滿志。

換一種生活，開始進圖書館，尋找寧靜深沉及知識，這樣的轉變說不定更讓你心滿意足。在紛繁複雜的高速度運轉中，我們沒有時間也沒有機會給自己內心的自我一個表現的時間。你不妨給自己放個假，讓自己休息一陣子，單獨地只面對自己一個人，沒有上司、沒有同事、沒有工作、沒有應酬，看看自己的狀態。

二、改變某些習慣

每個人都有很多「好的和不好的習慣」，這些習慣說不定正是掩蔽你真實個性的罪魁禍首。譬如你可能經常性的待在家裡看電視，以打發你的剩餘時間；你可能習慣於用打麻將的方法排遣孤獨；你可能在憂悶之時習慣把自己獨自關在家裡等等。這些習慣很多並不是你自己的最佳選擇，而僅僅是「習慣」而已。

如果你想要發現你的個性，不防打破這些習慣，發展更多的愛好，以挖掘自己的個性，你如果減少看電視的時間，改成看書，你會發現你並不需要激情刺激，而更喜歡冷靜的思維。你如果把打麻將換成散步，也許你會發現閒適的寧靜才是你的真實個性。

三、不過分壓制自己

人生不如意事十有八、九，生活在現代社會的人也一定有很多不如意的地方。在不如意的時候，不過分壓制自己，會有助於發現你的個性。譬如，我們有可能在憤怒之極的時候，一改平日溫順屈從的性格，與上司大罵一場，並因此對自己的行為極為滿意，那麼你會發現，「溫順」並不是你真實的個性，你其實具有極為強烈的抗爭能力，並「有魄力」。如果你時時保持這種狀態，你將一改溫順屈從的個性而成為一個強幹、有魄力的人，在這種狀態下，你會更為愉快和坦然。

「個性」是需要被發掘的，人本身具有非常豐富的個性基因，我們要盡可能的挖掘它、豐富它，使自己成為一個豐富多彩、魅力四射的人。

不恥下問，只求「看透自己」

想要真正瞭解自我，必須要養成與自己「溝通」的習慣。

真正瞭解自我的人，不僅包括自己對自己客觀的評定，同時還包括他人對於自己的評價。在認識自己的缺點時，有些人會感到害怕，甚至還有人害怕自己的「底細」會為人所知，而產生一種恐懼。懷著這種恐懼生活是相當累人的。假使你曾經產生過一時的恐懼，那麼這在緊張複雜的人生中是很正常，但卻也是可能改變的，人類絕對有足夠的能力「自我控制」。

其實長處與短處、優點與缺點，樣樣並存。世上沒有只有缺點而無優點的人，同樣的，也絕對沒有只有優點而無缺點的人。明白這一差異性，你就能坦然正視自己的短處，在他人指出你的不是時，你也不會再像以前一樣，一個勁兒地想盡辦法反駁，反而能夠坦然地接受他人的意見。

在他人指出我們的缺點時，我們應該反省一下，自己為什麼會有那麼多缺點？為什麼以前沒有注意到？是不是自己真的如他人所說的那樣？然後根據反思所得，對症下藥，早日改掉那些缺點。

瞭解自己的人品和性格，並非像某些人所想的那樣可怕。其實，如果你能真正瞭解自己，就會發現這對你本身有很大的幫助，能讓你有個目標可以改進努力。

想要真正瞭解自我，必須要養成與自己「溝通」的習慣。這裡的「與自己溝通」，不是只有單純地將目光轉向自己。

你是否曾注意到，平常人們在做事時，若身邊有其他人在，所表現出的態度便會和單獨一個人時不一樣。還有，總是會對別人的態度過分介意；總是過度擔心自己在眾人心中的形象；總是認為自己的表現不夠理想等，這些都是人們沒有做到和自己好好「溝通」的例子。

要怎樣才能做到與自己良好「溝通」呢？你只需每天花一點點時間

就可以了：當你一個人獨處時，你可以把自己此刻的感覺、感情、想法等在心中一一過濾，檢視一下自己的心態是否正確、是否平衡？這就是與自我進行溝通的最好方式。

從某種角度來看，我們每個人都有兩個自我。一個是有意識中的自我，另一個是無意識中的自我；而平時的一舉一動、一言一行，幾乎全部是在無意識的自我控制之下進行的。

看清自己無意識中的自我，並與自己溝通，我們可以瞭解到自己真正在想些什麼？自己的性格傾向為何？怎樣做才會使自己心安理得？出現障礙時，最主要的原因是什麼？該如何待人處事等等。如果這些你都能做到，那你就是真正瞭解自己的人了。

接下來我們要做的，是「瞭解自己在別人心目中的形象」。不過，在現實生活中，雖然我們大家都迫切地想瞭解自己，但有些人認為真正看清自己是件很可怕的事，尤其難以接受自己在他人心目中的形象，一旦有人當眾指責自己的缺點，他會不由自主地產生恨意，心中油然生起對於此人的厭惡感。所以，在正常情況下，我們不會主動指出他人的缺點。

所以，在這種情況下，你可以向親人或較親近的朋友詢問你在他們心中的形象，聽聽他們對於自己各方面的看法。當然，對於別人的指責，我們應冷靜地予以接受。不過，只向親友請教，當然是不夠的，所以，應盡可能地多多掌握一些有關自己特性方面的認知，這樣準確性會高一些。

如何才能知道其他人（除了親友之外）對自己的看法呢？首先就必須主動與別人交往。如果你本身不喜歡與別人交往，當然別人也不會主動與你打招呼。久而久之，你留給別人的印象就是孤僻、目中無人。當然，也許你認為這沒什麼大不了，但你最好還是要多與別人交往，朋友絕對會帶給你意想不到的收穫。

不要刻意將自己的想法、心情、意見、人生觀及事業觀等埋在心底，而是要樂意地敞開心扉，和別人交換心得。如果我們所面對的同事是個心情開朗、個性外向的人，經常與他相處之後，會使我們個性也同樣跟著「開放」起來，進而增加獲得他人好感的機會。

別把自己當敵人

如果你想得到幸福，就必須學會「珍愛自己」。如果你無法給他人愛，你也就無法得到他人的愛。

傳統的觀點認為，「愛自己」無異是一種自私的行為，因此，我們很多人似乎都忘了自己，久而久之，我們又陷入了人生的另一禁區：「自我否定」。你無法相信自己，時時感到自卑，因而大大地影響了自己生活和事業的成功。

學會了愛自己，便可以愛別人，並透過幫助自己、關心自己來幫助別人、關心別人。這樣一來，你對他人的幫助中沒有虛偽的成分。你幫助別人，不是為了博得他人的感謝或獲取獎賞，而是因為你從幫助別人或愛別人的過程中能夠享受到真正的快樂。

然而，倘若「你」是一個毫無價值、不為自己所愛的「你」，那麼「幫助別人」則是不可能的事。如果你自己都自認毫無價值，你又怎麼能去愛別人呢？即便去愛，你的愛又有什麼價值呢？

尼克已屆中年，他聲稱自己非常愛他的妻子和孩子。為表示這種愛，他不斷地為他們買貴重的禮物，帶他們去度假並住在豪華舒適的高級旅館，而且每當出差在外，他總不忘在信的結尾附上一句「親愛的」。儘管如此，尼克怎麼也無法鼓起勇氣對他們說：「我愛你們。」

尼克也非常愛自己的父母，但對他也同樣無法表露自己的感情。尼克想對他們說「我愛你們」，但這句話總是在他的腦海裡反覆縈繞，每當想說出之時，卻連一個字也說不出來。

如此簡單的「我愛你們」幾個字，而且是出於真心的表白，尼克為何難以說出口呢？在他看來，「我愛你們」意味著自己的內心表白。當他這樣說的時候，對方也必須給出相應的回答：「我也愛你，尼克。」只要他做出愛的表白，對方必須相對回應及承認他的自我價值。

但對尼克來說，做出這一表白似乎具有很大的風險，因為他擔心自己得不到家人的相應回答；這樣一來，他的全部價值就得不到承認了。如果與此相反，尼克心裡一直認為「我是值得他人所愛的」，那麼要他說出「我愛你們」時，便不會存在任何障礙。

如果尼克在表白自己的內心感情之後，並沒得到所期待的回答，他也不會認為這會影響自己的價值，因為他的自我價值從一開始便完好無損。至於他的妻子、孩子或他所愛的其他人是否反過來愛他，那是他們的問題。尼克或許需要對方的愛，但這對他的自我價值並不是至關重要的。

「自愛」的能力是你用來審視自己的一面鏡子。即使你不喜歡自己的某些特點和行為，但你也不要厭惡自己，厭惡自己只會使你陷入惰性並因此受到傷害。因此，一旦自己出現某些缺憾，你不要厭惡自己，而應當發展一種積極的情感——從錯誤中汲取教訓、下決心不再犯同樣的錯誤，但無論如何，不要將錯誤與你的自我價值劃上等號。

可能有人會認為，自愛行為無異於是種極端利己的主義，而且是令人反感的行為，這其實是一種極大的誤解。自愛與那種到處誇耀自己多麼了不起的行為毫無共同之處。後者並不是一種自愛行為，而是企圖靠自吹自擂來贏得他人的注意和讚美，它與自我輕蔑行為一樣，都是病態行為。

「自負」的目的在於贏得他人讚美，採取這些做法的人是根據別人對他的看法來評價自己。可是他沒有必要靠自吹自擂來說服別人。「自愛」則意味著你愛你自己，它並不要求別人愛你，也沒有必要說服別人。只要你接受自己便足夠了，自愛與別人對你的看法如何毫不相干。

你必須摒棄一個觀點：人的自我形象要麼是積極的，要麼是消極的。實際上，你具有許多自我形象，而且它們經常在不斷地變化。如果要你回答：「你喜歡自己嗎？」你可能傾向於將所有消極的自我形象彙集起來，說「不」。可是，如果你能具體分析自我厭惡的原因，你就可以有明確努力的方向。

你對自己的身體、智力和情感有著各種各樣的感受；對自己在音樂、體育、藝術、寫作等方面的能力有著自己的評價。這樣一來，你所參加的活動有多少，你的自我形象也就有多少，它們始終貫穿於這些活動之中，不管你是接受自己還是否定自己。你的自我價值——這個無時不在的伴侶，你的幸福和自制力的顧問——絕不應與你的自我評估聯繫起來。你是一個人，你是存在的，把握住這兩點就足夠了。

你的價值是可以由自己決定的，不需要向任何人做出解釋。你的價值與你的行為和感覺沒有任何關係。你可能不喜歡你的某一特定行為，但這並不影響你的自我價值。

「自愛」，就是根據你的意願，將自己作為一個有價值的人而予以接受；接受，則意味著毫無抱怨。一個樂觀的人不會經常抱怨，尤其不會抱怨石頭太硬、天氣太冷、冰太涼等。要保持精神愉快，則意味著不抱怨自己力不能及的事情。

缺乏自信的人常常從抱怨和牢騷中求得慰藉。向別人訴說你不喜歡自己的地方，只會使你繼續對自己不滿，因為別人對此幾乎總是無能為力的，至多只能加以否認，但是你又不會因此就相信他們的話便對自己不再抱怨。而向別人抱怨是無濟於事的，同樣的，讓別人無休止地傾訴其自我憐憫和痛苦，也無助於任何人。

要結束這個無益而討厭的行為，只需一個簡單的問題：「你為什麼要問自己這些問題」，你就會認識到，你的自我抱怨是非常荒唐可笑的，是在浪費時間，而你本可以用這些時間來進行自愛活動，譬如默默地自我讚揚，或幫助別人實現其願望。

「抱怨自己」是一種毫無益處的行為，這樣不但會妨礙你的生活、使你產生自我憐憫，阻礙你給別人的愛，並接受別人給你的愛。此外，這種行為還使你很難改進你的人際關係，不利於你擴大社交關係。

儘管抱怨的行為會使你得到他人的注意，但這種注意將明顯地讓你的幸福罩上一層陰影。要做到不抱怨地接受自己，你必須懂得「自愛」與「抱怨」這兩種行為是互相排斥的。如果你珍愛自己，那就毫無理由向那些無力幫助你的人發出抱怨。如果你在自己或他人身上發現自己所不喜歡的東西，你可以積極地採取必要措施加以改正，而不是用抱怨來回應。

所以，當你參加一個聚會，或出現於某一公共場合之時，你可以試試下面這個做法。留心記下人們在談話中有多少時間是在抱怨——抱怨自己、抱怨他人、抱怨時事、抱怨物價、抱怨天氣等等。聚會結束之後再問問你自己：「這些人如此多的牢騷，真正解決了哪些實際問題？」「誰真正注意到了他們所抱怨的事情？」這樣一來，當下一次你要抱怨時，就可以想想那些徒勞無益的抱怨了。

○×我也可以當小丑

小丑的外表，在正常人的身分時，是一種嘲笑，但在扮演小丑的身分時，卻能成功帶來歡笑。

「嘲笑自己」可以化解尷尬，進而讓他人瞭解：自己具有看得開的豁達性格。

人的一生，難免會有失誤或缺陷，也難免會遇上尷尬的處境。有的人喜歡遮遮掩掩，有的人喜歡矢口辯解。其實越是遮遮掩掩，心理越是失衡，越是辯解，卻會越描越黑，最佳的辦法是「學會嘲笑自己」。

美國著名演說家羅伯特，頭禿得很厲害，在他頭頂上很難找到幾根頭髮。在他過生日那天，有許多朋友來給他慶賀生日，妻子悄悄地勸他戴頂帽子。羅伯特卻大聲說：「我的夫人勸我今天戴頂帽子，可是你們不知道禿頭有多好，我是第一個知道下雨的人！」

「自卑感」容易使人的心理失去平衡，但是我們從不少人身上發現，人有了自卑感，同時也會產生出一種不斷地彌補自己弱點的專長。往往自卑感越強的人，這種補償作用也會越強。

美國第十六任總統林肯從小就有自卑感，他就是透過「自我調侃」來克服自卑，培養自己的自信的。大家都知道林肯長相醜陋，可他不但不忌諱這一點，相反的，他常常詼諧地拿自己的長相開玩笑。

在競選總統時，他的對手攻擊他是個兩面人，喜歡搞陰謀詭計。林肯聽了這番言論後，指著自己的臉說：「讓眾人來評判吧，如果我還有另一張臉的話，我會用現在這一張嗎？」

從林肯身上我們發現，一個人生理缺陷愈大，自卑感愈強，於是成就大業的「本錢」也就愈多。林肯身上的自卑感，變成他成功的「渦輪增壓」，而「自我調侃」正是他自我超越的燃油。

某國一位總統最愛講一個有關他本人的笑話：「有一位總統擁有六個情婦，其中一個染有愛滋病，但很不幸，他分不出是哪一個。另一位總統有五個保鏢，其中一個是恐怖分子，但很不幸，他也不知道是哪一個。」接著他嘲笑自己改革經濟所做的努力，「而我有八個經濟專家，其中有一個是很聰明的，但不幸的是，我不曉得是哪一個。」

這位總統趁著別人還來不及說長道短，評東論西時，利用談笑調侃的方式，將自己在經濟改革中的失誤，輕鬆地說出來，也幫助自己擺脫了尷尬難堪的局面。

「自我調侃」是一種彈性的人生態度，它帶有強烈的個性化色彩。

「自我調侃」是一種生活藝術，它具有干預生活和調整心態的功能。

「自我調侃」不但能給人增添快樂，減少煩惱，還能幫助人更清楚地認識真實的自己，戰勝自卑的心態，應付周圍眾說紛紜帶來的壓力，擺脫心中種種失落和不平衡。

你可以選擇最愛自己

「愛自己勝過一切」不是自私，而是肯定自己的第一步。

一個人愛自己的方式很多，你可以選擇從喜歡自己的身體開始。

你是否經常站在穿衣鏡前欣賞自己的身材？你喜歡自己的身體嗎？如果你不能及時地給出一種肯定的答覆，那就具體地分析一下自己身體的每一部位和每一器官，並列出你所不喜歡的每一項。從頭開始：你喜歡你的嘴、鼻子、牙齒和脖子嗎？喜歡你的手臂、手指嗎？列出項目，再看看你身體上不大為人注意的部位：例如舌頭。總之，你可列出一個很長的單子，以徹底審視自己的身體。你或許並沒有一個漂亮的身體，但它就是你的身體；不喜歡它就意味著你「沒有接受自己」。

也許你的某些身體特徵確實令自己無法喜歡，你不停地羨慕別人。

如果這些特徵可以改變，就下決心去改變它們。如果你的肚子太大不好看，你可將其視為過去做出的選擇，現在再做出新的選擇並加以改變，例如上健身房運動，以消除腹部的贅肉。至於你所不喜歡、而且又無法改變的那些特徵（如腿太短、眼睛太小等），你只能改變自己的觀點和判斷眼光。

任何事物沒有絕對的好或絕對的壞，你也許一直用他人對美的觀點來衡量自己，如果這樣，那你就該學會自我判斷了。不要讓他人來決定你喜歡什麼，你應該努力去喜歡自己整個身體，並使之既具有價值、又富有美感，進而摒棄他人對你的比較和評論。

對於自我形象，你也可以做出同樣的選擇。如在智力方面，你可以按照自己制定的標準來判斷自己是否聰明。事實上，你越讓自己保持愉快，你也就越聰明。如果你在數學、英語或寫作方面表現較差，這並不說明你智力很差，只不過是你到目前為止選擇的一種結果，如果你多花些時間加以訓練，一定可以大大提高自己的水平，這與你聰明與否並無直接聯繫。

沒錯，自我貶低總比自我吹噓要容易和保險得多；但請記住，生長與發展是衡量生命的尺規，如果你拒絕讓自己發展成為一個敢於自愛的人，那你無異於讓生命消失。因此，要改正你的自我否定習慣，必須首先從根除這些「好處」開始，在對自己的行為有了這些深刻認識之後，你便可以培養自愛。

「自愛」練習應始於你的思想，你必須學會控制自己的思維，這就要求你無論何時何地，都能夠有意識地及時發現自己的自我否定行為。如果你能當場「改善」這種行為，便可以具體審視這種行為背後的思想過程。

例如，你發現自己剛說了句自我貶低的話——「我真沒什麼了不起，這回考試得一百分，我想只不過因為運氣好。」這時，你頭腦中應馬上敲起警鐘：「我不該說這話，又做出了這種自我厭惡的行為。但我現在已意識到了，下次可不要再講這種話了。」

你糾正自己的錯誤：「剛才我說我運氣好，可是這和運氣根本沒有什麼關係。我考試成績優秀，是因為我平時付出了努力，我應該得到的。」雖然這種做法似乎讓你有點不大習慣，就像開車時換檔變速一樣，但如果你一直堅持，最後你將會養成一種新的習慣，而不必時時刻刻考慮自己的行為，並自然而然地養成一種自愛的行為習慣。

不完美，才完美

任何缺陷，都是表面的形象，是可以化為激勵自己有所為的動力。

拿破崙的父親是一個極高傲但又窮困的科西嘉貴族。父親把拿破崙送進了一個在布列訥的貴族學校，在這裡都是一些極力誇耀自己富有，而譏諷窮苦的同學。這種一致譏諷行為，雖然引起了拿破崙的憤怒，而他卻只能一籌莫展，屈服在威勢之下。

後來實在受不住了，拿破崙寫信給父親，說道：「為了忍受這些外國孩子的嘲笑，我實在疲於解釋了，他們惟一高於我的便是金錢，至於說到高尚的思想，他們是遠在我之下的。難道我應當在這些富有高傲的人之前謙卑嗎？」

「我們現在是沒有錢，但是你必須在那裡讀書。」這是他父親的回答，因此使他忍受了五年的痛苦。但是每一種嘲笑，每一種欺侮，每一種輕視的態度，都使拿破崙增加了決心，發誓要做給他們看看，他相信自己確實是比他們優秀的。

拿破崙是如何做的呢？這當然不是一件容易的事，他一點也不空口自誇，他只心裡暗暗計畫，決定利用這些沒有頭腦卻傲慢的人作為橋梁，使自己得到專長、富有、名譽的地位。

等他進入部隊時，他的同伴多半在用多餘的時間追求女友和賭博。而他那不受人喜歡的體格使他決定改變方針：用埋頭讀書的方法，努力和他們競爭。讀書是和呼吸一樣自由的。因為他可以不花錢在圖書館裡借書讀，這使拿破崙得到了很大的收穫。

他並不是讀沒有意義的書，也不是專以讀書來消遣，而是為自己理想的將來做準備。他下定決心要讓全天下的人知道自己的才華。因此，在他選擇圖書時，也就是以這種決心為選擇的範圍。

他住在一個既小又悶的房間內。在這裡，他面無血色，孤寂又沉悶，但是他卻不停地讀書。他想像自己是一個總司令，將科西嘉島的地圖畫出來，地圖上清楚地指出哪些地方應當佈防，這是用數學的方法精確地計算出來的。因此，他數學的才能獲得了提高，這使他第一次有機會表示他的能力。

長官看見拿破崙的學問很好，便派他執行一些工作，這是需要極複雜的計算能力的。他的表現極好，於是他又獲得了新的機會，拿破崙開始走上有權勢的道路了。

一切的情形都跟著改變了，從前嘲笑他的人，現在都湧到他面前來，想分享一點他得的獎勵；從前輕視他的人，現在都希望成為他的朋友；從前揶揄他是一個矮小、無用、死用功的人，現在也都改為尊重他，變成了他的忠心擁戴者。

難道這是「天才」所造成的奇異改變的嗎？抑或是因為拿破崙不停地工作而得到的成功呢？

拿破崙確實是聰明，他也確實是肯下功夫，不過還有一種力量比知識或苦工來得更為重要，那就是「想超過嘲弄自己的人的野心」。

假使拿破崙的那些同學沒有嘲笑他的貧困，假使他的父親允許他退出學校，他的感覺就不會那麼難堪。他之所以成為這麼偉大的人物，完全是由他的一切不幸造成的。他學到了由克服自己的缺憾而得到勝利的祕訣。

偉大的人物從來不認為生活是不可改造的，他也許會對他當時所處的環境不滿意，不過他的「不滿意」不但不會使他抱怨和不快樂，反而讓他充滿熱忱，更想闖出一番事業。

讚美也會變毒藥

他人的反對意見，並不一定代表對你個人的全盤否定。你能反應的，只是「參考」對方的意見。

「讚美」是「額外」的肯定，卻非「必要性」的成就。「讚美」是為人處世的明智的準則。「讚美」是與批評、反對、厭惡等相對的，它是一種積極的處世態度和行為，一個人不管是透過語言還是行為，只要對他人的優點和長處表示出真誠的肯定，就是一種讚美的行為。

一個人從小到大，就生活在他人的讚美之中。你可能經常為了獲得他人的一點讚美而耗費大量的精力，或者因為得不到他人的讚美而悶悶不樂，甚至嫉妒他人。如果你現在已陷入這樣一種境地，這表示你已經離不開他人的讚美，而且尋求讚美已成為你生活的一種需要，那麼你現在應該採取一些措施了。

首先，你應該意識到，「尋求讚美」與其說是一種生活的需要，不如說是個人的一種欲望。美國著名心理學家馬斯洛認為，每個人成長發展的內在力量是「動機」。動機是由多種不同性質的需求——生理需求、安全需求、愛的需求、尊重的需求、自我實現的需求所組成。而各種需求之間，存在著一定的先後順序與高低層次。

根據馬斯洛的這個理論，人都希望得到他人的認同與尊重，期望獲得某種榮譽。當我們聽到四周響起的掌聲、聽到他人的讚美之辭時，恐怕沒有人會表現出一種厭惡與不滿的情緒。因為這種場合會令你精神上受到撫慰，會給你一種美妙的感覺，你當然沒有必要放棄生活中的這種享受。

「讚美」本身無損於你的精神健康，而且受到恭維是一種令人愜意的事情。但有些人往往會因此而自得其樂，進而喪失原則，否則生活中就不會有那種拍馬屁的人存在了。如果尋求讚美的心理成了你生活的一種需要，而不僅僅是一種願望，那你就陷入了生活的另一種禁區。

如果你希望得到他人的讚美，這或許是期望得到他人的認可；但如果你很想要他人的讚美，那麼，當你未能如願以償時便會情緒沮喪、行為異常……，這正是自我挫敗的原因。同樣的，當尋求讚美成為你生活的一種需要時，你就會將自己的一部分價值奉獻給他人，因為你必須得到他人的讚美。

當這些人提出反對意見時，你就會產生不安情緒。當你處於這種境況時，你便將自身的價值置於他人的控制之下，由他人來隨意抬高或貶低自己。只有當他們決定施捨給你一定的讚美之辭時，你才會感到高興和滿足。

「想要得到他人的讚美」不是一件糟糕的事情，然而，如果你在每件事上都需要得到每一個人的讚美，這就糟糕了。因為這樣勢必導致你在生活中遇到接連不斷的痛苦和煩惱。此外，你會慢慢建立起一種平庸的自我形象，並且隨之產生一種自我否定的心理。

毫無疑問，如果你想在生活中尋求快樂、在事業上有所作為，就必須消除「需要得到他人讚美」的心態！它是精神上的死胡同，絕不會給你帶來任何益處。

要想使每個人都對自己滿意，是十分困難而且不大可能的。實際上，如果有六〇%的人對你感到滿意，這就算是一件難得的事情了。

在你周圍，至少有一半的人會對你發表的一半以上的言論提出不同意見，這一個現象在選舉活動中尤其明顯：即使獲勝者的選票占壓倒性多數，也只是相對多數的略勝一籌，還有另外的四〇%之多的人投了反對票。因此，不管你提出什麼意見，有五〇%的人可能提出反對意見，這是十分正常的現象。

當你認識到這一點之後，你就可以從另一個角度來看待他人的反對意見了。當別人對你的話提出異議時，你也不會再因此而感到情緒消沉，或者為了贏得他人的讚美而即刻改變自己的觀點。相反的，你會意識到自己剛巧碰到了屬於與你意見不一致的五〇%之中的一個人。

每一種情感、每一個觀點、每一句話或每一件事都會有反對意見，那麼你就可以擺脫情緒低落的困擾。當我們做事之前已經意想到某種後果，而一旦出現這種後果時，你就不會出現很大的情緒波動，或者措手不及。所以，如果你知道會有人反對你的意見，你就不會自尋煩惱，同時也就不會再將別人對你的某種觀點或某種情感的否定，視為對你整個人的否定。

為了逐漸減少尋求讚美行為，你必須認識到自己繼續這種行為的後果。當你遇到反對意見時，你可以發展新的思想，提高自我價值。

為了衝破「尋求讚美」的心理束縛，你可以試做以下幾件具體的事情：

一、在答覆反對意見時，用「你」字開頭

例如，你注意到對方不同意你的觀點，並且開始生氣時，不要立即改變自己的觀點，也不要為自己辯解，可以回答說：「你認為我的觀點不對，所以你有些惱火。」這樣將有助於你認識到，表示不贊同的是他，而不是你。

在任何時候都可以用「你」字的辦法，只要運用得法，會取得意想不到的效果。在講話時，你一定要克制以「我」字開頭的習慣做法，因為那樣會將自己置於被動辯解的地位，或者會修正自己剛剛說過的話，

以求為他人所接受。

二、感謝不同的意見

表示感謝以便消除了任何尋求讚美的因素，例如，你丈夫說你太害羞，他不喜歡你這樣時，不要因此就努力透過行動而使他滿意，只要謝謝他給你指出這一問題便足夠了。這樣一來，就不存在「尋求讚美」的問題了。

三、主動尋求反對意見

選擇一個肯定會提出不同意見的人，正視他的反對意見，沉著而冷靜地堅持自己的觀點，你將逐漸學會不因反對意見而感到煩惱，並且不輕易改變自己的觀點。你可以對自己說，你早已預料到了這種「對立」，他完全可以有他自己的看法，這與你實在沒有任何關係。透過尋求，而不是迴避反對意見，你會逐步掌握有效面對「反對意見」的方法。

四、逐步學會不理睬反對意見

不要理會那些企圖透過指責來支配你的人，你必須要堅持自己的立場與觀念，前提是，你對得起自己，也夠成熟能夠辨明是非。

○× 要清楚知道自己的定位

當你面臨危機時，仍必須從中獲取經驗，將危機化為轉機，而不是被危機打倒。

愈是清楚自己的定位，遇到挫折、困境時，愈是能做出抉擇。想準確地為自己定位，你必須遵從以下三個非常簡單的規則：

一、確認自己就是人生目標的發起人

這並不代表你總是必須打先鋒，而是意味著在所有的事情中，你應該辨認出其中某個特別的機會，讓你能夠提供與自己定位相關的資訊或減輕所面臨的問題。最重要的是，你必須認同改變的益處，準備好要做改變，讓自己成為一個主控中心，建立運作模式，將它當成是生活的一部分，如此一來，人生目標才可能經由「正確定位」而達成。

二、無論任何情況，你都能完全控制

通常，當某個情形變得不可收拾，或計畫即將失敗時，我們就可能失去控制。你對自己要負完全的責任，而忽視這項責任，不但自己無法達成目標，最後你更會變得沒有能力幫助其他的人。

三、切忌貪心

有很多人無法成功，或是在成功之後突然失敗，原因都是因為太貪心。有一個方法可以測試出你是否過於貪心，你只要問自己一個問題：假如我現在開始銷售某些東西，我是不是會留下任何東西給其他人？你應該要有肯定的答案。假如你順利完成某項計畫，你應該要學習留一些東西與其他人分享。請記住，今日你需要或忽視的人，往往變成你未來的盟友。

關於「自我定位」，你必須切記：在這個多變的世界上，將自己定位在一個你想要運作的位置上，不要太過於懷疑、過度小心——因為這些因素會讓你麻木，讓你充滿恐懼或疑慮。這個世界充滿了機會。所以我們只要遵循這個大方向，並給自己一個最完美的定位，我們一定能夠達到自己的人生目標。

當你在評估自我現在的定位時，你應該對自己秉持公平的態度，特別是關於過去自我的成功經驗。自古到今，沒有任何一個人，做每一件事情都是失敗的，不分種類或大小，每個人都曾有過成功的經驗，而你可以將這些經驗，當成是積木，一件件的堆積，並且進行自我評估，你是如何獲得那些成功？是幸運，機緣巧合，或是因為你的專業知識？因為你努力工作，或者是資訊收集完全？

現在，你把自己成功的因素寫下來：

✔自我的成就。

✔自我的失敗。

✔自我的行為。

經歷失敗經驗，應該已經得到很多的失敗教訓。現在，你可以進行自我定位的評估，提出能夠讓你設定目標的基本資料。千萬不要忽視從中得到的教訓！然後進一步採取行動來矯正自己的弱點。

但察人易，察己難，究竟怎樣自我評估才是客觀的，怎樣的目標才是適合自己的，這裡有一些簡單的原則：

明確自己的興趣——興趣是最好的導師，興趣正是人對某種事物的欲望，有了欲望，你才會從內心的深處去爭取喜歡的事物，才會不知疲憊，才會感到快樂。

我們往往對自己的興趣不瞭解，大眾的行為往往會誤導你去尋找不適合的事物。所以要做一個獨立的人，不要隨流行起舞。

由興趣出發，設立目標——如果喜歡游泳，你可以立志成為游泳運動員；如果愛玩電腦，你可以追求像比爾・蓋茲一樣的夢；如果看重金錢，你可以學習企業管理，成為一個企業家。

用實踐檢驗能力——「實踐」是檢驗真理的惟一標準，如果你在校園程式大賽中榮獲第一名，在全市音樂比賽中一舉奪冠，那麼你絕對有實力成為電腦奇才或歌星、歌唱家。

人們往往在失敗時，過份的低估自己的實力。其實在失敗的時候，你應該努力分析這件事你做成功了哪幾部分，而這幾部分正是實踐的結果，你要相信自己。當然，失敗正說明你或許是能力還不夠，需要繼續努力，但千萬不能只以成敗論英雄。

回憶親身經歷——親身經歷是非常重要的，因為經由親身的經歷，我們可以獲得經驗，而隨著經驗得來的是價值非凡的知識。回憶自己的親身經歷，瞭解自己的成敗得失，有助於我們瞭解自己的長處和弱點，在訂定人生大目標的時候，要知道如何揚長避短。

○×搜尋自己的天賦

擁有的專長越多，機會也就越多，任何能幫助你從事一項工作的專長都是有價值的。

培養有助於成功的「天賦」，因為「天賦」是你走向成功的重要的因素。假如你有一種天賦，能夠與各種類型的人相處得很好，你就應該傾全力培養一種和大家一同工作的專長——籌備並主持會議、處理爭端、促使人們協調工作或是解決問題的能力。

「天賦」是發展你的「專長」的指導，但是「專長」對於擴大你的選擇範圍卻是更重要的。假如你能彈吉它，或者會寫電腦程式，或者會培育蘭花，或者會挨家挨戶推銷商品，或者能寫短篇小說，那麼，比起那些毫無專長的人，你在生活中有更多的選擇機會。

在條件相等的情況下，你應該花費時間去學習最有價值的專長。怎樣決定哪一項專長是有價值的呢？有一些原則供你參考：

一、與職業有關

你要學的專長是不是職業的一部分？例如，寫作就是許多職業——新聞記者、對外聯絡代表、科學家、經理的工作中一個重要部分。任何涉及文字與溝通的工作中都需要好的寫作能力，因此，寫作是應該學習的專長。

同樣的，使用工具的專長在許多工作中也是很重要的，假如你會焊接，或者會操縱鋸床，或者會砌磚弄瓦，你就有了一種自己動手作的本事。

當然，並不是說你熟練地掌握了某種專長，就非得以此作為職業不可。例如你學會了操縱木工的器械，並不一定去做木匠。只是你多了一種專長，就可能多了一種選擇機會。例如，你會木工，你就可能被聘請去幫助製作劇場舞臺上的佈景，而這個機會說不定會為你的生活開創全新的局面。

二、有人會拜你為師嗎？

在確定什麼專長是有價值的時候，不妨觀察一下你的四周，看哪些專長是人們願意付出代價去得到的。假如有人請你去傳授專長，有一個好處是明顯的——你作為老師，可以得到一筆錢，甚至還有更多的好處。當上了師傅，更多的人會注意你，其結果是，更多的利益落進你的口袋。

為人之師的另一個重要結果是：它培養了你的自信。不過要教育別人，你必須真的是個專家。當然你這樣的機會越多，你就越能發現機會。

三、這種專長對你一生都有用嗎？

令人遺憾的是：我們在兒童時期發展的許多專長僅僅是孩子時期的專長——知道怎樣玩玩具、玩球、玩搖控飛機等等，不過這對於大部份的人是無用的。

假如你打算在青年時代就花時間學會一門專長，那麼就去學那對你一輩子都有用的專長。體育提供了一些很好的例子，成年人並不經常玩諸如籃球、捧球之類的團體活動，原因在於：首先，這些活動很耗費體力。並且，一過二十五歲，就不會迫切想參與這些活動了；其次，成年人很少能得到必要的設備；最後，團體活動要求很多人在同一時間玩，而成年人的日程表總是排得滿滿的。

個人的體育活動，如高爾夫球和游泳，在成年人反而較普遍。因此，多參加一些個人的體育活動，少受集體活動的限制，也不失為一種聰明的選擇。

不過，集體活動也有優點，例如有組織的比賽能激發的團體榮譽感，對一個緊密團體的歸屬感以及不辜負他人期望的責任感，都可以從集體活動中獲得。年輕人需要這些經驗，特別是對於幫助年輕人培養對同伴的歸屬感，集體活動有它的重要地位。

四、能幫助你獲得不同的經驗嗎？

你熟悉的環境越多，你的選擇也就越多。那麼，就會有更多的道路引導你走向未來。假如你思路敏捷，且富有好口才，人們就會請你去主持討論、發表演講、組織新的活動。

假如你能拍攝並沖印出優秀的攝影作品，那麼，你就有更多的機會為運動會、正式的社交場合攝影，也有更多的機會拜訪名流顯貴。

假如你能說法語、德語，或者任何國家語言，那就更有可能與來自那個國家的貴賓交談，甚至去那個國家旅遊。最重要的是，在選擇「專長」時，要選擇你喜歡的，因為如果你不喜歡，就無法真正擅長這項技能。

此外，「毅力」是能給你很多幫助的。有時長期和你本來不喜歡的工作接觸，你也能學著去喜歡它，直到擅長它，但這是一種例外。假如你不喜歡做某件事，還是去做其他的事較適當。

跨越障礙馬拉松

人生是一場馬拉松的長跑賽，而且充滿你必須跨越的障礙。最終能夠排除人生上的障礙的人，還是你自己。

想實現目標總是需要逆流而上的，追求它們會獲得巨大的滿足感，但是追求它們同樣需要付出艱苦的努力。比起那些消極的、不鼓舞人的習慣的累積影響，你生命的目標或你的人生理想必須更強有力和更令人振奮。

消極的問題常常使你回到那種安逸的生活道路上，也會帶給你一個時常與其鬥爭卻無法徹底打敗的問題。這種阻礙自我超越現實的想法就是「自我心理障礙」，是我們追求新的明天的主要障礙和重覆守舊的主要理由。

自我心理障礙的人總喜歡說下面的話：「我們一直都是以這種方式來做的」或「在這種情況下我已經盡力了」，這種普遍的想法會使他們遺漏另外一些可能性，就是他們不願用其他的辦法來處理事情，他們也不想去改變周圍的環境。

自我心理障礙是一種自己構建的障礙，直接影響著他們對於未來的恐懼感，而且會阻斷那條有可能光明的道路。

下面是一些自我心理障礙者的藉口：「我的安排時間的能力不可能達到一個很高的水平」、「我無法了解電腦軟體，過去不行，現在不行，將來也不行」。自我心理障礙是一種會阻礙你學習新事物的頑固的想法。如果業務長期以來認為去瞭解客戶如何使用你的產品與服務不是你的責任的話，那麼你永遠不會知道，為什麼你的產品在市場上沒有競爭力。

自我心理障礙者是不知道「如何有效工作」的典型。如果你知道假如你採用另一種方式來表達同樣的內容會讓你的上司滿意的話，那你就沒有理由不去採用後一種方法，進而你就會得到對你工作的良好的評價。

「自我心理障礙」是我們沒有讓自己盡最大的努力時的原因。我們自己的面前總有兩種選擇：竭盡全力或是有所保留。選擇前者意味著你將通向一個新的世界，建設自己的明天。選擇後者的話，未來之門將會關閉，你只能一次次地重覆你的過去。若你不去嘗試一些新的東西，那麼會怎麼樣呢？你的生活將一成不變，而最終你將一無所獲！

自我心理障礙是你舒適生活的上限。它是將平庸生活和偉大的成就分隔開來的界限。如果你無法戰勝自己的心理障礙就不可能進步，這不誇張，因為「自我心理障礙」會抹煞個人的成就感和完成任務的欲望。

如果我們無法及時地意識到並採取行動去消滅它的話，這種心理障礙會隨著時間的推移而變得越來越嚴重。一次又一次地重覆錯誤，會令我們沒有辦法挖掘我們尚存的潛力。換句話說：壞習慣會不斷地變大，以至於在人生的重大問題上發生錯誤。

我們應該盡自己最大的努力去消除個人的心理障礙。這意味著我們要去增強自己和他人的信心，還要從生活的各個方面深化我們的整體感和大局觀，並加強判斷力，以使自己始終處於正確的前進方向上。

實際上，消除自我心理障礙比想像中要容易得多。當你對目前狀況的不滿轉化成一種痛苦，而且痛苦得足以讓你設法去改變自己的行為方式時，自我心理障礙就有可能去除了。

如果你的上司先告訴你：「假如你再拖延彙報工作的時間的話，你就會被解雇。」可想而知，你就一定會設法及時地完成彙報工作。這就引發了我們的一些思考：既然最終改變自己的人還是自己，那麼為什麼要等到老闆對自己下最後通牒呢？為什麼要把改變自己的權力交給老闆呢？為什麼你不問問自己：「如果我的確正在拖延一些事情，那為什麼我要這麼做呢？如果我沒有拖延的話，它將會怎樣？」

現在，你是準備去建設未來還是去重覆過去呢？如果你清楚地知道，自己正處在提高自己的能力以適應新形勢的需要的正確方向上時，你已經明白該怎麼做了。如果你的行動是支持舊的習慣、設想和侷限的話，你同樣也會明白正確的做法，因為這個過程會使你筋疲力盡，而且還會讓你感覺到一天中你所做的一切只不過會消磨你自己的意志罷了。

讓潛力浮出水面

當一個人非常擔心失敗或貧困時，他的潛意識裡就會形成這種失敗思想的印象。

許多具有真才實學的人終其一生卻少有所成，其原因在於他們常為令人洩氣的自我暗示所害。無論他們開始想做什麼事，總是胡思亂想著可能招致失敗的原因，他們總是想像著失敗之後隨之而來的羞辱，一直到完全喪失創新精神或創造力時為止。對一個人來說，可能發生的最壞的事情，莫過於他的腦子裡總認為自己生來就是不幸之人，命運女神總是和自己過不去。

對一個自認為天生就是失敗者的人你能做什麼呢？成功是不可能來自於這種失敗的思想，就好像玫瑰是不可能來自於長滿雜草的土壤一樣。當一個人非常擔心失敗或貧困時，當他總是想著可能會失敗或貧困時，他的潛意識裡就會形成這種失敗思想的印象，因而，就會使自己越來越處於不利地位。換句話說，他的思想與心態使得他正試圖成功的事情變得不可能了。

我們經常看到那些能力並不十分突出的人卻表現得非常不錯，我們往往認為有某種神祕的命運在幫他們，而在我們身外有某種東西總是在扯我們的後腿。但是，很可能是我們的思想和心態有毛病。

我們面臨的問題便是根本不知道該如何提高自己。我們對自己不夠嚴格，對自己的要求不夠高。要敢於很高地評價你自己，因為如果你希望自己健康，就一定要擁有「健康的心態」，這就代表你的所思所談都是健康。你可以經常對自己說：「健康是我生來就該享有的權利」，並用下面的方式來呈現：

一、用積極的自我暗示提升自己

你也該以同樣的態度對待成功。除了成功之外，你絕不應該再想別的事。一定要有成功的心態、思想和行為舉止。一定要像一個成功的、先進的人士一樣行動，穿著打扮和思想都要表現得像一個成功的、先進人士的樣子。務必相信，你心中的遠景、你的心態，便是你將可能使之變為現實的圖案。

如果你希望自己成為勇敢、豪氣干雲之士，你一定要堅定地擁有無所畏懼的思想，絕不能使自己成為一個懦夫、一個膽小鬼。

如果你卑怯膽小，容易害羞，那就不妨斷言你將再也不會害怕任何人或任何事，你將昂起頭、挺起胸，宣示你的男子漢氣概或你的巾幗不讓鬚眉的氣概。一定要痛下決心加強你品格中的薄弱環節。

對畏縮、膽怯和害羞的人來說，如果能展現出另外的神態，如果能表現出自信的樣子，對他們往往大有裨益。膽怯、害羞的人不妨對自己說：「其他人太忙，不會來操心我或看著我、觀察我，即使他們看著我、觀察我，對我來說也沒什麼大不了的，我將按自己的方式做事。」

這種不斷地斷言「我是」的哲學：「我是生來就要有所成就的人，我是將會有所成就的人」，是可以透過日常練習，培植自己承擔責任、義務的勇氣和自信，能使一個卑怯膽小的人，迅速成長為一個堅強勇敢的人。

如果你的父母和教師說你是一個笨蛋，是一個傻瓜，那麼每當你想到這一說法時，你要堅決否認。你要不斷地宣稱，你並不愚蠢，你有能力，你將向那些不相信你的人們表明，其他人能做的事，你也能做。

你將發現，當你的自信因為你經常自我暗示而增加，你的能力相應地也會增強。無論其他人如何評價你的能力，你不能容許自己懷疑你能做你渴望做的事情的能力，你也不能對自己能否成為你渴望成為的那種人心存懷疑。

堅定地想要自己在世界上佔有一席之地，自己將在這一席之地上表現出色。一定要訓練自己期待成就偉業。在你的行為舉止中絕不要表現出你似乎認為自己一生不會有什麼作為的形象。如果你躬行踐履並堅定地堅持這種積極的、建設性的、豐富的思想，那麼，有朝一日你的這種心態會使你獲得一席之地，並會創造出你所希冀的成就。思想就是力量，正是透過這種思想的力量，我們塑造了我們自己。

二、進行積極的自我暗示

自我暗示是內在力量的爆發，許多人曾借助自我暗示走向成功。對內在的自我訴說「我應該辦得到」。

湯姆遜曾經在擁有世界三十六國分社的企業擔任銷售員，而連續六年蟬聯世界第一優秀銷售員的紀錄。那個時候，湯姆遜完全沒有注意到其他同事拿到多少合約，只想著自己能夠爭取多少合約，於是全力以赴地迎向挑戰。

但是，多數的世人，並不是為了自己而工作，甚至「不是為了自己而善用自己」，卻耿耿於懷地活在他人的評價中，他們活得真是辛苦之至。而湯姆遜與世人剛好相反，他不斷拚命地對自己說：「今天賣得一百萬元，明天要賣到一百零五萬元，後天要賣到一百壹拾萬元，對我而言應該辦得到，我務必全力以赴地去達成。」

自我暗示若是無法持續及實行，是不會有效果的。以燒開水為例，水加熱到九十度時就停止加熱的話，只是熱的液體罷了。再加上十度到了一百度才會沸騰，發出水蒸氣，這就是「氣化作用」。

一定要使自己保持一種積極向上、奮發有為的心態。任何時刻都不能懷疑自己最終將取得事業成功的能力。這些懷疑是極可怕的，它們會毀滅你的創造力，使你失去抱負。你要不斷地對自己說：「我必定會擁有我所需要的，這是我的權利，我將來肯定會擁有我所需要的一切。」如果你的頭腦中始終堅持這種思想，即你是生來就要取得成功，就要擁有健康和幸福，你生來就是有用之人，除了你自己，世界上沒有任何東西能阻止你得到這一切。那麼，你的這種思想將會產生一種累積的、漸增的效果。

要養成一種堅信自己最終將會獲勝，將會取得成功的良好習慣，要堅強地、堅定地樹立這種信念，這樣一來，很快地你將會發現，你極其渴望、期盼和努力為之奮鬥的目標是能夠實現的。

三、不斷地在內心肯定自己

如果不斷地肯定自己極富才幹，那麼，你的精神動力就會得到驚人的效果。在這種情況下，比起你總是想著那些不愉快的經歷的情況，你肯定能更好地利用和發揮你的腦力。

不管人們能否正確地對待你，你一定要對自己說：「我可以成功的，不會和那些極端墮落、卑鄙無恥的小人們狼狽為奸、沆瀣一氣，我也不會只有他們的那種水平和見識。我沒有必要去讓那些無關緊要的小事攪亂我平靜的心態。」

如果你的心緒不佳和混亂，如果你感到煩躁不安，如果你與每個人都不和，如果一些小事情就使你氣惱不已，那麼，你就應該多想一想那些美好的、和諧的事，多想一想那些令人高興的事。

你要決心做一個超然於生活瑣碎之事之外的人，要不斷地對自己說：「對一個偉大的強者來說，對一個有能力的人來說，被一些瑣碎、愚蠢和不足掛齒的小事弄得如此難過，弄得六神無主、方寸全亂是一件多麼荒唐的事啊！」

你要決心使自己以平靜的、泰然自若的、自尊的心情回到工作崗位，你要決心使自己善始善終地完成工作。

如果想充分地施展自己的才華，你就應該使一切事情恢復正常，你就應該嚴厲對待自己或嚴格要求自己，你就應該好好地和自己談談，就像你希望你的兒子成才時，你苦口婆心地和他談話一樣。

一旦你開始做一件事情時，你就不妨對自己說：「現在，我做這件事是最恰當不過了。我必定會取得成功。在這件事情上，我或者表現出我的勇氣，或者表現出我的懦弱。我沒有任何退路。」

要不斷地對自己說一些使人奮發、鼓舞人心的，使人勇敢、堅毅起來的詞句或者話語，諸如「給予我面對我必須面對的勇氣吧！」

你就會驚異地發現，這種自我暗示多麼迅速地就使你重新鼓起了勇氣，就使你重新振作起來了。

卡爾就是透過和自己誠心誠意地探討他的行為舉止而獲益匪淺的。當他感到自己沒有做他應該做的事情時，當他感到自己犯了一些低級、愚蠢的錯誤時，當他感到在任何交易中沒有利用好自己的良好感覺經驗和敏銳的判斷時，當他感到他的精力和抱負日益頹廢時，他就會獨自一人去鄉村，他會按照此種方式和自己展開心與心的交換心得：

「小夥子，現在你需要全面地和自己談談，你需要全面地振作起來。你正在退步了，你的標準開始下降了，你的理想變得麻木了。最壞的事情便是，當你的工作表現得很糟糕的時候，或者說，當你對你的衣著打扮和行為舉止異常一點也不在意，表現出一副無所謂態度的時候，你卻不像過去那樣感到事態嚴重了。你沒有盡心盡力，如果你不嚴加警惕，你的懶散，你的惰性，你的這些異常行為表現，將會嚴重地毀了你一生。你正讓許多好機會白白地從你的身邊溜走，因為你沒有你應該有的那種積極進取、緊跟時代潮流的精神。」

「你的理想需要擦拭，因為它們已變得灰暗。總之，你開始變得慵懶。你開始喜歡放鬆自己了。到目前為止，還沒有哪個讓自己的精力萎靡不振、讓自己的標準下降、讓自己的抱負煙消雲散的人取得了什麼驕人的成就的。小夥子，現在，我打算緊跟在你的身後監督你，直到你公正對待自己。這種放鬆自己的哲學絕不可能使你達到你啟程前往的目的地。你必須認真地檢點你自己，否則，你會成為時代的落伍者，你會被時代遠遠地拋在後面。」

「你一定能比現在做得更好。從今天開始，你就應該有這種堅強的決心，即從今晚開始，你就要從你的工作中得到比以前更大的回報，你就要比以前更好地完成你的工作。你必定是一個勝利者，要使這成為一個值得紀念的特殊喜慶日子。振奮起來，清除你頭腦中的各種陳腐觀念，掃掉積在你大腦中的思想塵埃。思考你心中的理想！不要像現在無精打采地過日子。你只是半醒半活，要趕緊開始行動吧！」

年輕的卡爾每天早晨起來，如果發現自己的標準下降了，如果感覺到自己有點慵懶和平庸，那麼，為了迫使自己達到一個更高的標準，為了使自己每一天都保持和諧，他會像他所說的那樣「責備自己」。這是他最為關心的一件事情。

他不斷地責備自己的慵懶、平庸、懶散和缺乏精力。「卡爾，」他對自己說，「現在請振作起來。使今天成為一個重要的日子。不要讓任何機會溜走，緊緊抓住，儘量利用今天的每一種可能的機會。儘管承擔責任非常艱難或非常令人不快，如果這種責任中有寶貴的教導，如果這種責任使你更具功效，使你更加自信的話，那麼，不要逃避責任。不要逃避任何對你有幫助的事情，不要逃避任何使你變得更為強大的事情。」

卡爾總是迫使自己第一個承擔最令人不快的任務，他絕不允許自己逃避困難。「現在，你絕不能怯弱，」他對他自己說，「如果其他人能做的事，你也能做。」

經過數年的這種嚴格的訓練，卡爾取得了了不起的成就。他開始時只不過是一個生活在紐約貧民窟中一戶窮苦人家的孩子。沒有人對他感興趣，也沒有人鼓勵他或抬舉他。

雖然在孩提時代時他沒有多少機會接受學校教育，但是從他二十一歲開始，他就使自己受到了良好的教育。多年以來，他利用他閒暇的夜晚，利用他的假日，利用他的閒暇零星時間，苦苦鑽研一個又一個問題，並依次解決了這些問題，精通了這些問題，一直到他成為一個知識淵博、學富五車的人。

如果你是一個習慣性的擔憂者，或多年遭受不幸的經歷和憂鬱折磨的人，不妨停下來歇一歇，並對自己說：「難道我非得花費我生命中的這麼多年的時間去擔憂和焦慮嗎？不，絕不！滿意或滿足是每一個人生來就該享有的權利。」

每當你感到恐懼襲上心頭時，一定要盡可能迅速地將它排除在心靈之外，並運用無所畏懼和沉著自信這劑良藥。想像你自己是絕對無所畏懼的。不妨對你自己說：「我不是懦夫。懦夫恐懼、畏縮、怯懦，但我是勇士。恐懼是孩童脆弱的表現。成人是不會恐懼的。我堅決拒絕屈就這一件丟臉的事情。恐懼是一種不正常的心理過程，但我是一個正常人。恐懼不可能影響到我，因為我沒有恐懼的思想。我將絕不容許恐懼毀了我的一生。」

我們並不聽從命運的安排，我們只聽命於我們自己。要知道承認自己是低人一等的人，自願充當低等角色的人真的是低等的人，因為他認為所有好事都歸於別人的。世界屬於能征服它的人。好事也屬於那些能憑藉理想的力量和堅強的決心而獲得它們的人。

要使自己充滿奮發向上、積極進取思想的人，要讓自己成為樂觀、歡快思想的人，滿懷希望的人，惟有這種人才有可能成為成功的人。無論發生什麼事，你都會保持歡愉和平靜的心情，都不會因雞毛蒜皮的小事而心情不好以致無心工作。

PART 2

拒絕自卑，成功在望

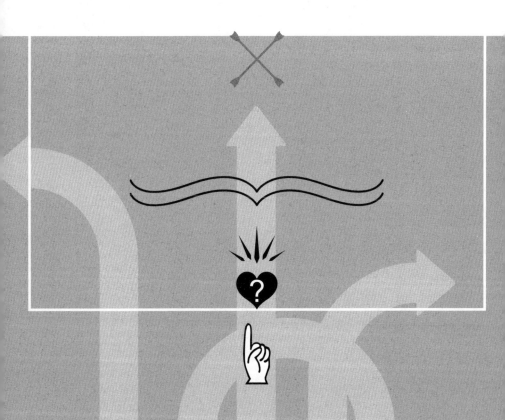

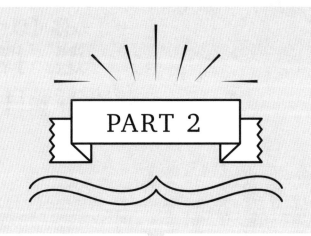

不要過分追求別人的贊許

人生不是一種享樂，而是一樁十分沉重的工作。

你可能花費了大量時間想要獲得他人的讚許，或因得不到讚許而憂心忡忡。如果「尋求讚許」已成為你生活中的一種需要，那麼你將陷入讚許的迷思中。

你應該意識到：「『尋求讚許』與其說是生活之必需，不如說是個人之欲望。」當然，我們都希望博得掌聲、聽到讚揚或受到稱頌，但誰不希望聽到恭維的話呢？在精神上受到撫慰會給人一種美妙的滿足、肯定感覺，而且也沒有必要在生活中放棄這種享受。「讚許」本身無損於你的精神健康；事實上，「受到恭維」是令人十分愜意的。如果你希望得到讚許，那僅僅是樂於得到他人的認可。

但如果你需要讚許，那麼你在未能如願以償時，便會十分沮喪。這正是自我挫敗因素之所在。同樣的，當「尋求讚許」成為一種需要時，你就會將自己的價值權交給他人，因為你必須得到他人的讚許才能肯定自己。

假如這些人提出反對意見，你就會產生挫折。在這種情況下，你是在將自我價值置於別人的控制之下，由他們隨意抬高或貶低你的存在價值。只有當他們決定給你施捨一定的讚許之辭時，你才會感到高興。

需要得到他人的讚許就夠糟糕的了，然而如果在每件事上都需要得到每一個人的讚許，這就更糟糕了。如果是這樣，你勢必會在生活中遇到大量痛苦和煩惱，因為你會過於在意「每一個人」提供給你的意見。此外，你會慢慢建立起一種平庸的自我形象，隨之產生的便是自我否定心理。

毫無疑問，你要在生活中有所作為，就必須完全消除「需要得到讚許」的心理！它是精神上的死胡同，它絕不會給你帶來任何益處。人在生活中必然會遇到大量反對意見，這是現實社會的必然過程，是你為生活付出的代價，是一種完全無法避免的現象。

四十歲的奧齊就是一個典型的具有「需要讚許心理」的人。奧齊對於現代社會的各種重大問題都有著自己的一套見解，如墮胎、中東戰爭、政治事件、失業現象等等，但是每當自己的觀點受到他人的嘲諷時，他便感到十分沮喪。

為了使自己的每一句話和每一個行動都能為每一個人所贊同，他花費了不少心思。當奧齊和他的岳父閒聊到安樂死的話題，當時他表示堅決贊成安樂死的立場，而當他察覺岳父對他的立場的不滿而皺起眉頭時，便幾乎本能地立即修正了自己的觀點：「我剛才是說，一個神智清醒的人如果要求結束其生命，那麼倒可以採取這種安樂死的做法。」奧齊在注意到岳父表示同意自己後來的解釋時，才稍稍鬆了一口氣。

他在上司面前也談到自己贊成安樂死的觀念，卻遭到上司強烈的訓斥：「你怎麼能這樣說呢？這難道不是對上帝的褻瀆嗎？」

奧齊實在承受不了上司對自己的這種責備，便馬上改變自己的立場：「我剛才的意思只不過是說，只有在極為特殊的情況下，如果經正式確認絕症患者在法律上已經死亡的判定，那才可以拿掉他的氧氣管……」最後，奧齊的上司終於點頭同意了他的看法，他又一次擺脫了困境。

當他與哥哥談起自己對安樂死的看法時，哥哥馬上表示同意，這使他大大地鬆了一口氣。

奧齊在社會交往中為了博得他人的歡心，甚至不惜時時改變自己的立場。因而就個人思維而言，奧齊這個人已失去了他的「自我價值」，所存在的僅僅是他做出的一些偶然的反應；這些反應不僅決定著奧齊的感情，還決定著他的思維和言語。總之，別人希望奧齊怎麼樣，他就會怎麼樣。

一旦尋求讚許成為一種需要，做到實事求是幾乎就不可能了。如果你感到非要受到誇獎不可，並常常做出這種表示，那就沒人會與你坦誠相見。同樣地，你不能明確地闡述自己在生活中的思想與感覺，你會為迎合他人的觀點與喜好而放棄你的自我價值。

的確，應付受人斥責的局面很不容易，而採取為人所讚許的行為則容易得多。但如果為迴避困難而選擇後者，那就意味著你認為別人對你的看法比你對自我的評價更為重要。這是一個在我們生活中常常碰到的人格誤判的危險陷阱。

面對嘲笑，一笑置之

人人生的價值，並不是用時間，而是用深度去衡量的。

英國工人史蒂文生製造了第一輛用蒸汽機作動力的火車，只能拖三十噸煤，每小時只走四英里路，聲音也很大。有人譏笑他，說他的車子雖然不用馬來拉，但是吼叫起來比幾千匹馬還要吵鬧。史蒂文生沒有因為譏笑而放棄，而是把「譏笑」當作「激勵」，他認真不停的研究，又用了十一年時間，終於成功製造了第一輛客、貨運蒸汽機車，時速達十二英哩。

焦耳（Joule）關於能量守恆的思想在剛開始時也遭到專家的嘲笑，但他卻堅持不懈，反覆試驗達三十年之久，最後取得成功。與此相反，德國偉大的能量守恆思想奠基人邁爾，在極其不公平的世俗偏見包圍下，在一片可憐可悲的嘲笑聲中，他失去了理智，走上了絕路。一顆科學明星還沒來得及閃爍就隕落了。

英國青年紐蘭茲在門捷列夫周期律發表的前三年就已經發現了元素周期律，但因為別人的嘲笑，他放棄了對元素周期律的研究，鑄成不可彌補的大錯。

歷史和現實總結出一個答案：嘲笑是意志的大敵，嘲笑是事業的天敵，嘲笑是前進的羈絆；而成功的花環屬於那些面對嘲笑仍能不在意甚至嗤之以鼻的人，屬於那些面對嘲笑仍奮進的人。

面對批評，坦然對待

希望是附屬於存在的，有存在，便有希望，有希望，便是光明。

生活中常有這樣的事發生：有的人一聽到別人對他的批評和勸告，就大發雷霆，他們不是去虛心聽取、反省其身，卻反唇相譏：「也不看看你自己是什麼德性，卻來教訓我。」言外之意是對方也有缺點，不配來批評他。

「金無足赤，人無完人」，如果只允許沒有過失的人批評自己，那麼你終生都不會聽到對你過失的批評意見了，一輩子也不會得到他人的幫助。久而久之，你就會陷入孤立無援的境地，讓自己失去了成功的動力。

所以，當別人批評時，應該感謝他的批評，才有益於自己改正過失，哪還有心思去計較他人是有過還是無過呢？只有長期保持高度的樂觀和自信，才能使你不斷地獲得成功。

但是在生活、工作、學習以及與他人交往中，總不免被人批評，受人指責。越是有成績、有名望的人，越容易受到別人的非議。

美國許多成就卓越的著名人物都被人罵過：美國的國父喬治・華盛頓曾經被人罵作「偽君子」、「大騙子」和「只比謀殺犯好一點」。《獨立宣言》的撰寫人托馬斯・傑弗遜也曾被人罵道：「如果他成為總統，那麼我們就會看見我們的妻子和女兒，成為合法賣淫的犧牲者；我們會大受羞辱，受到嚴重的損害；我們的自尊和德行都會消失殆盡，使人神共憤。」

格蘭特將軍在帶領北軍贏得第一場決定性勝利，成為美國人民的偶像之後，卻遭到嫉妒、逮捕、羞辱，甚至被奪去兵權。

威廉・布慈將軍也曾被人誣告他侵佔了某個女人募捐而來救濟窮人的八百萬元捐款。

以上這些人非但沒有被批評、辱罵所嚇倒，反而更加保持樂觀和自信的態度，做出了影響深遠的成就。其實，一個人名望或地位越高，罵他的人就越容易從中得到滿足。

英國國王愛德華八世（即溫莎公爵）年輕時在一所海軍軍官學校讀書。有一天，一位海軍軍官發現年僅十四歲的溫莎王子在哭，就上前問他什麼事情，開始時他不肯說，後來迫不得已才說了真話：「自己被軍校的學生踢了。」

指揮官把所有的學生都召集在一起，向他們解釋儘管王子沒有告狀，但他很想知道為什麼這些人要這樣虐待溫莎王子。

這些學生推諉拖延了半天之後，終於承認：是因為等他們將來成了皇家海軍的指揮官或艦長的時候，他們希望能夠告訴人家，他們曾經踢過國王的屁股。

無論你是被人踢還是被人惡意批評也好，請記住，他們之所以做這種事情，是因為這件事能使他們有一種自以為重要的感覺，這通常也就意味著你已經有所成就，而且值得別人注意。

很多人在罵那些教育程度比他們高的人，或者在各方面比他們成功得多的人的時候，都會有一種滿足的快感。正如哲學家叔本華說過的那樣：「庸俗的人在偉大的錯誤和愚行中，得到最大快感。」

曾任美國華爾街四十號美國國際公司總裁的馬歇爾．布拉肯先生在回憶受批評的經歷時說：「我早年對別人的批評非常敏感。我當時急於讓公司的每個人都覺得我是十分完美的。如果他們當中有一個人不這樣認同的話，我就感到憂慮，於是我想辦法去取悅他。可是我討好他的結果，又會使另一個人生氣；而等我想滿足這個人的時候，又會使另外一兩個人生氣。最後我發現，我越想去討好別人，以避免他們對我的批評，就越會使我的敵人增加。因此我對自己說：『只要你超群出眾，你就一定會受到批評，所以還是趁早習慣的好。』這一點對我的幫助很大。從那以後，我就決定只是盡我最大的努力去做，而把我那把破傘收起來，讓批評我的雨水從我身上流下去，而不是滴在我的脖子裡。」

當你成為不公正批評的受害者的時候，還有一個絕招就是「只是笑一笑」。因為別人罵你的時候，你可以回罵他，可是對那些「只笑一笑」的人，你能說什麼呢？假如結果證明我是對的，那麼即使花十倍的力氣來說「我是錯的」，又有什麼用呢？

請記住：不要為批評而難過。

EQ高的人，往往從積極的方面理解別人的批評，包括那些不公正的責罵。他們會把別人的批評，看作是改進自己工作、完善個性、克制情緒、提高心理承受力以及激發鬥志的機會。我們從美國海軍陸戰隊的史密德里·柏特勒將軍等人的經歷中可以得到啟示：

柏特勒將軍曾告訴別人，他年輕的時候很想成為最受人歡迎的人物，希望每個人都對他有好印象。在那個時候，即使一點小小的批評都會使他難過半天。但在軍隊的三十年使他變得堅強起來。他被別人責罵和羞辱過，什麼難聽的話都經受過：黃狗、毒蛇、臭鼬……，後來他聽到別人在後面講他的壞話時，他甚至都不會回過頭去看。這就是他對待漫罵的有力武器。

羅斯福總統的夫人曾向她的姨媽請教「對待別人不公正的批評」有什麼祕訣。

她姨媽說：「不要管別人怎麼說，只要你自己心裡知道你是對的就行了。」

避免所有批評的惟一方法就是只管做你心裡認為對的事——因為你反正是會受到批評的。

在美國歷史上，林肯總統恐怕是受人責難、怨恨、誣陷和批評最多的總統，但他卻從來不以他自己的好惡來評判別人。如果有什麼任務待做，他也會想到他的敵人可以做得像自己一樣好。如果一個以前曾經羞辱過他的人，或者是對他個人有不敬的人，卻是某個位置的最佳人選，林肯還是會延攬對方去擔任那個職務，就像他會委派他的朋友去做這件事一樣……而且，他也從來沒有因為某人是他的敵人，或者因為他不喜歡某個人而解除那個人的職務。

在林肯所任命的高職位的人物中，有不少是曾經批評過他的人。但是林肯相信：「沒有人會因為他做了什麼而被歌頌，或者因為他做了什麼或沒有做什麼而被罷黜。因為所有的人都受條件、情況、環境、教育、生活習慣和遺傳的影響，使他們成為現在的這個樣子，將來他也永遠是這個樣子。」

知道自己「在做什麼」是最重要的，別人如何看待你的工作、決定、努力、動機或成就，這些都不要緊，因為只有我們最清楚自己所作所為的重要性。即使到了快要蓋棺定論的時候，我們也必須依據自己的價值觀及信念來評估自己一生的作為。

不以他人的標準衡量自己

過去屬於死神，未來屬於你自己。

至少有九十五%的人，其生活多多少少受到自卑感之害，數百萬不能成功與幸福的人，也受到自卑感的嚴重阻礙。

從某個角度來看，地球上每一個人都不如另一個人或另一些人。你知道你的球技比不上貝克漢，球速比不上王健民，跳舞比不上珍妮佛羅培茲。這些事情你知道得很清楚，但你不應因為比不上他們而產生自卑感，使你的人生黯淡無光，也不該只因為某些事情無法做得像他們那麼出色而覺得自己朽木不可雕。

自卑感的產生不是來自「事實」或「經驗」，而是來自我們對事實的認知與對經驗的評價。例如：「你是個唱歌不行的人或跳舞不行的人」，但是，這並不是說你是個「不行的人」。貝克漢與王健民沒辦法替人動外科手術，他們是「做手術不行的人」，但這並不意味他們是「什麼都不行的人」。

一個人身為何種人，這全部決定於我們「用什麼標準衡量自己」，「用什麼人的標準來衡量自己」。

自卑感之所以會影響我們的生活，並不是由於我們在技術上或知識上不如人，而是由於我們自己有不如人的感覺。不如人的感覺，產生的原因只有一種：我們不用自己的「尺度」來判斷自己，而用別人的「標準」來衡量自己。若是習慣性這樣做，毫無疑問，只會造成「我老是差人一等」的感覺。因為我們相信應該以某些人的「標準」來向他們看齊，所以我們覺得自己不如人，因而下個結論說我們本身有毛病，然後這個愚昧推理過程的邏輯結論是：我們沒有「價值」，我們不配得到成功與快樂。我們如果不覺得抱歉與罪過，就無法充分表現自己的才能與天賦，不管我們有多行。這些都是因為我們接受了「我應該像某人」的觀念或「我應像其他每一個人」的錯誤觀念。

事實上並沒有「其他每一個人」的通用標準，況且「其他每一個人」

都是由個人組成的，世界上沒有兩個完全相同的人。

有自卑感的人，為了要取得優越地位所作的努力，只會使錯誤更加牢固，他的感覺是發自於「我不如人」的錯誤前提。他整個「邏輯思想」的內涵與感情也源自這個錯誤的前提。他覺得不舒服，因為他比不上別人，所以他的藥方是「使自己跟別人一般好」，若要覺得舒服，就要使自己比別人優越。

因為努力地想取得優越地位，會招來更多的困擾，受到更多的挫折，有時甚至會導致以前沒有的神經機能上的疾病，反而會變得比以前憂鬱，而且「愈努力」憂鬱愈加深。

「卑下」與「優越」是一枚銅幣的兩面，只要瞭解這枚銅幣本身是假造的，問題就解決了。

你應該意識到：你不「卑下」，你不「優越」，你只是「你」。你不必與別人比較高下，因為地球上沒有人和你一樣。你是一個人，你是獨一無二的，你不像任何一個人，也無法變得像某一個人，更沒有人要你去像某一個人，也沒有人要某一個人來像你。

上帝並沒有創造一個標準人，也沒有在某人身上貼標籤說「這個才是標準人」。祂使人類有個別獨特之分，猶如祂使每一片雪花有個別獨特之分一般。上帝造人，有高矮、大小、肥瘦、黑白、紅黃之別，祂並不偏好某個大小、形狀與膚色。

有一次林肯說過：「上帝一定愛普通人，因為他造了許許多多。」這句話錯了，並沒有所謂的「普通人」——人沒有所謂「高級」或「普通」的格式，如果他說：「上帝一定愛不普通的人，因為他造了許許多多不同的人。」這句話或許更接近事實。

不要拿「他人」的標準來衡量自己，因為你不是「他人」，也永遠無法用他人的標準來衡量自己；同樣的，他人也不該以你的標準來衡量他們自己。只要你瞭解這個簡單、明顯的真理，接受它，相信它，你的自卑感就會消失得無影無蹤。

不要過分在意別人的想法。你過分在意「別人的想法」時，你太小心翼翼地想取悅別人時，你對於別人所謂的不歡迎過分敏感時，你就會有過度的否定、壓抑自己以及自我產生不良的表現。

拒絕消極，重建信心

世間的活動，缺點雖多，但仍是美好的。

當你面對挫折或困難時，會有何種反應？生氣、憤怒還是抑鬱寡歡？有了這些本能的情緒反應後，現實中的挫折平復了嗎？困難解決了嗎？相信是沒有的，那麼你先前的那些情緒反應是否對「改變事實」無濟於事呢？

叔本華在幸福格言一書說過：「普通人耗神於如何打發時間；而精幹的人卻耗神於如何有效利用時間。」你可能患有一種社會性的「疾病」，一種並非打一針就好的疾病：「自我輕視」病毒，而惟一的治療方法便是大劑量地服用「自愛藥丸」。但是，像社會中許多其他人一樣，你可能從小到大一直認為「愛自己」是不對的。社會告訴我們為他人著想；教會告訴我們愛你的鄰人。似乎大家都忘記了「愛自己」。

從孩童時代起，別人就告訴你，愛你自己——儘管當時這對你是十分自然的——無異於自私和驕傲。你學會先人後己、多想別人，因為這樣才顯示出你是個「好人」。

你學會自我埋沒，並且常常受到「把你的東西分一半給妹妹」之類的教育，至於這些東西是你的寶貝還是珍愛的玩具，那都是無關緊要的。儘管媽媽或爸爸自己未必與他人分享他們大人的東西，你甚至會被告誡：你應當「坐在那兒別出聲」，或者「你應該守規矩」。

兒童們自然認為自己是美麗的和重要的，但等他們到了十幾歲，社會教育便在他們的思想中札了根：人人都持自我否定態度，並隨著歲月流逝而越來越甚。畢竟，你不能總是愛你自己——否則，別人會用何種眼光看你？當然，這些社會資訊的微妙潛能本身並不帶有惡意，但它們的確束縛了個人意識。從父母、兄弟姐妹、學校、教會和朋友那兒，兒童們學會了這些冠冕堂皇的社會禮節——成年人之間所特有的社會禮節。除非為了取悅於大人，兒童們相互之間從不理會這些禮節。

這樣長久下來，首先產生的後果是「不要相信你自己的判斷」，爾後便是隨「禮貌」而來的許許多多的後果。這些所謂「禮貌」的清規戒律，是你根據別人的評價來確定自我意識、降低自我價值的根源之一。毫不奇怪，這些自我懷疑和自我摒棄的定義會一直延續到你成年之後。「缺乏自信」常常是性格軟弱和事業無法成功的主要原因。

有一個美國醫生，他以面部整形手術馳名遐邇。他創造了許多奇蹟：經過整形，把許多醜陋的人變成漂亮的人。他發現，某些接受手術的人，雖然為他們作的整形手術很成功，但他們仍找他抱怨，說他們在手術後還是覺得自己不漂亮，說手術沒什麼成效，他們感覺自己的面貌依舊。於是，這 位醫生意識到：「美與醜，並不在於一個人的本來面貌如何，而在於他是如何看待自己。」

如果一個人自以為自己是美的，那麼他就會變美；如果他心裡總是嘀咕自己是個醜八怪，他果真就會變成其貌不揚。一個人如自慚形穢，那麼他就不會變成一個美人，同樣地，如果他不覺得自己聰明，那他就成不了聰明人；他不覺得自己心地善良——即使在心底隱隱地有此種感覺，他也成不了善良的人。

心理學家從一群大學生中挑出一個最愚笨、最不討人喜歡的女孩，並要求她的同學們改變以往對她的看法，希望大家都能爭先恐後地照顧這位女同學，向她獻殷勤、送她回家，大家以假當真地打從心裡認定她是位漂亮聰慧的女孩。

結果不到一年的時間，這位女孩出落得嫵媚婀娜、姿容動人，連她的舉止也和以前比較起來判若兩人。她高興地對人們說：「我獲得了新生！」

事實上，她並沒有變成另一個人——然而在她的身上卻展現出每一個人都蘊藏的美，這種美只有在我們相信自己，周圍的所有人也都相信我們、愛護我們的時候才會展現出來。

許多人以為，「信心」的有無是天生的、不會改變的。其實並非如此。童年時代受人喜愛的孩子，從小就感覺到自己是善良、聰明的，因此才會獲得別人的喜愛。於是他就盡力使自己的行為名副其實，造就自己成為自信的那樣的人。而那些不得寵的孩子呢？人們總是訓斥他們：「你是笨蛋、窩囊廢、懶惰鬼，是個遊手好閒的東西！」於是他們就真的養成了這些惡劣的特質，因為人的品行基本上是取決於「自信」。

每個人心目中都有各自為人的標準，我們常常把自己的行為和這個標準進行對照，並據此去指導自己的行動。因之，我們要讓某個人變好，就應對他少加斥責，要幫助他提高自信力，修正他心目中的做人標準。

同樣的，如果我們想進行自我改造，進行某方面的修養，就應該首先改變對自己的看法。不然，我們自我改造的全部努力便會落空。

○× 增強社交力，成功不求人

辛勤的蜜蜂永沒有時間悲哀。

心理學家大衛・伯恩斯指出：「任何人即使身處精神壓力極大的環境中，也有辦法增強自己的自信心。」下面就是幾條簡單而有效的方法。

一、坦言自己的感受

萊茜的女兒常和住在附近的女孩兒玩耍。一天晚上，萊茜穿著牛仔褲和舊運動衫去接女兒回家。女兒朋友的母親打扮得像時裝模特兒，她邀請萊茜進屋。寬敞的門廳裡放滿了名貴的古玩和油畫，就像座博物館般豐富。萊茜身在其中感到很窘迫。那位母親見萊茜坐立不安，就問她是否不舒服。萊茜本想掩飾一下，但結果還是坦白承認說：「在這麼漂亮的房子裡，我有點不習慣。」

「妳太客氣了，我為妳的到來感到十分榮幸。」她笑著說。

由於萊茜的坦白態度，使她們兩人都覺得輕鬆自在了。如果萊茜當時掩飾自己的感受，就只會使氣氛更緊張，並且使她在別人的眼裡看來很虛偽。

「坦率」是一種縮小我們和別人之間距離的有效方法。

二、以對方為話題

我們常常會在很不自在的情況下與人交談。對方可能是同業聚會上碰到的上司，要是當時你頭腦裡一片空白，你該說些什麼？不妨以對方作為談話的焦點。

美國著名電視節目主持人瓊．卡森總能使他節目的來賓快樂。他所用的方法很簡單：「設法儘量多瞭解來賓」。

你也可以採用同樣的方法，向對方提出一些問題，例如：「你是怎樣開始對這個發生興趣的？」或「能不能再多告訴我一點……？」大多數人都希望得到別人的注意。精神病醫生和心理學家之所以受到病患的信任，就在於他們懂得表示理解和提出對方有興趣的問題。他們懂得這些技巧，你當然也可以向他們學習。

三、化焦慮為力量

每個人在當眾表演前，不管他要「表演」些什麼，都會感到緊張。克服的方法就是讓緊張情緒反過來幫你忙。

精神病醫生大衛曾多次上電視接受採訪，他坦言，每次受訪前自己都會很緊張。節目一開始播出，他整個人便僵硬起來，不再能泰然自若，他越是設法放輕鬆，自己就越緊張。

最後，大衛無意中找到了解決方法：在一個漫談節目中，製作人安排大衛和另一位精神病醫生辯論。在節目初期，大衛的對手誤以為他只是一個「作者」，而非一個專門研究的人。大衛對此感到有些不快，便決心不再考慮自己的禮儀和風度，集中全部精力，有力地表達自己的意見。

剎那間，大衛覺得自己渾身是勁，而且珍惜節目進行中的每一分鐘。後來他獲得了他上電視以來，觀眾最熱烈的回應。

四、接受自己

「擔心自己比不上別人」是拓展人際關係的一大障礙。也許你覺得別人不會重視你，因為他們比你更自信、更有成就、更聰明、更有吸引力。這種想法是錯誤的，能「接受自己」是與別人相處的祕訣。

不論你是怎樣一個人——是富或貧、是聰慧或愚笨、是美或醜，總會有人喜歡你。或許有人會不理睬你，但沒有一個人是受到眾人喜愛的。然而，只要你能接受自己，你就能感受到來自於人群的歡迎。

相信自己，把握未來

先相信你自己，然後別人才會相信你。

美國最成功的廣告人之一甘乃迪說：「近二十年來，我作專業演講師，每年都可以獲得幾萬美元的回報。但我小時候卻結巴得嚴重，我很害羞『其實到現在還是，我不善於與他人相處』。當我剛開始演講時，我渾身不對勁，極不舒服。我早期錄製的演講卡帶，有的聲音十分糟糕，如果現在能在市場上發現的話，我都會把它們買回來。我現在大部分時間靠寫書維持生計。

我出版過的書籍、使用手冊、課程等等，遠銷世界各地，每年賺錢超過百萬元。

每年大概有成千上萬的人平均掏出一百九十九元購買我的著作。可是我還記得，當年我在學校的寫作成績得的卻是C，新聞學成績是B。

我在中學時，語文老師都建議我將來做個工人，後來也有人給過我類似的建議。我大概只能同意到這種地步，即我真的很懷疑我有寫作的天賦，可是我相信『自己絕對可以靠寫作賺點錢』。」

如果你受限在某一領域中，如果你真的沒有天賦，只要你肯努力，仍舊有補救的機會。如果你很想在某個領域出人頭地，又恰巧在該領域具有「天賦」，那就值得可喜可賀了。不管你身處哪種情況，你決心要做的事情，十有八、九都能實現。

難道有「天生的業務員」嗎？還是有人天生就當不了業務員？很多人鄉愿地認為「各行各業的成功人士都天生就是這塊料，一生下來就注定將來要吃這碗飯的」。因此，他們的這種觀點嚴重束縛在自己的選擇上，不知失去了多少自我發展的可能性。

「沒有付出哪裡來的成就？」當然啦，世上真有一些人，他們生來就漂亮，注定成為媒體的寵兒，因而當了成功的模特兒兒或演員。相反的是，傳奇歌手東尼．班尼特曾經嚴重怯場，而不得不努力克服這一歌手的致命弱點。不過，也有人顯然生來就要吃演藝圈的飯。

有人生來具有運動天賦，比如麥克．喬丹及艾密特．史密斯。然而，就連一般人心目中的「天生贏家」，其實也不全是真的，原因有兩個方面：第一，他們太罕見了。第二，他們也要勤奮工作，並努力運用天賦，把天賦轉變為個人的優勢。

大多數的成功人士儘管在各自的領域裡表現卓越，應付困難看起來輕鬆自如，但他們絕對不是天生就做得到的，例如：幾度被「金氏世界紀錄」列為「世界上最偉大的業務員」的喬•吉拉爾得，在他四十九歲時，已連續十一年被評為頭號汽車業務員。這麼說來，他應該一定是位「天生的業務員」吧？其實不然，吉拉爾得中學時曾被逐出校門，當了不到一百天的兵，還曾被四十餘家公司開除過，連當扒手都沒有如願以償。

他說：「人們都說我是一位天生的業務員，其實錯了，我現在告訴你們，我全是靠自己的努力才成為『天生的業務員』的。像我這樣的人從頭開始都可以辦得到，那麼，還有誰辦不得到呢？」

吉拉爾得小時候還有結巴的毛病。你能想像出一位結結巴巴的業務員或演講者該是什麼模樣嗎？

如果你很想做某件事，卻有人告訴你缺乏這方面的天賦，你不一定要信以為真，你不妨放下身段去拚一拚。不去親自試一試，怎麼能知道你具備哪方面的天賦呢？你過去對自己天賦及能力的看法，你過去發揮或缺乏天賦及能力的經驗，別人對你的天賦及能力的意見等等過去的一切，都可能影響你，你不應該任由這一切主宰你，你應該自己掌握、決定你的未來。

每個人都應該去尋找並發現自己能比別人做得更好的領域。打個比方，不是每個人都可以當大企業家，有人覺得自己適合做企業家，那是因為他們還沒有受到挫折的緣故，也並不能表示你就能做大企業家。

要想做一名成功的企業家，你必須有遠見、有抱負、不怕挫折、忍受孤獨寂寞才行。這可不是每個人都能做到的。有不計其數的人，還沒有弄明白自己到底喜不喜歡這一行，就急於培養自己在這方面的技能和特質。

許多年輕人常常會問：「哪些機會可以賺大錢，做哪一行好？」但作為一個聰明的人要問的應該是：「對我來說，做哪一行最好？」每個人得到的答案都大相逕庭，不同的人有不同的答案。倒不是因為某一行你不能做，其實你可以做任何事情。但是你應該根據你個人的個性特點及想達到的目標，再決定你應不應該做某一行。

「成功」是終極目標

普通人只想到如何度過時間，有才能的人設法利用時間。

成功者的態度包括許多方面。但是，最重要的是「具有自信心」。要做到這一點，你必須奉行幾個重要的原則。

一、有勇氣改變命運

「種瓜得瓜，種豆得豆。」我們所得的報酬取決於我們所作的貢獻。你一定會為自己在生活中的位置或者榮獲讚譽或者蒙受恥辱。有責任心的人們關注的是那些束縛自己的枷鎖，在關鍵時刻，宣告獨立的人格。

喬·索雷蒂諾在市中心的貧民區長大，是一夥小流氓的首腦，他在少年教養院待過一段時間。但是，他一直記著一位七年級教師對他在學術方面能力的信任。他覺得他成功的惟一希望就是拋開他那只有中學的學歷：首先要先完成學業。於是，他在二十歲的時候重返夜校，繼續在大學就讀，並以優異的成績畢業。接著，他又全修了哈佛法律大學的課程，成了洛杉磯少年法庭一位出色的法官。

假如喬·索雷蒂諾沒有勇氣改變自己的命運，那麼，後來的這一切成就都是不會發生的。

二、發現自身的財富

維克多·佛蘭克曾是個生性多慮的人。但是，一九三四年的春天，當他走過韋布城的西多提街道時，有個景象掃除了他所有的憂慮。事情的發生只有十幾秒鐘，但就在那一剎那，佛蘭克對生命意義的瞭解，比在前十年中所學的還要多。

那兩年，他在韋布城開了家雜貨店，由於經營不善，不僅花掉所有的積蓄，還負債累累，估計得花七年的時間償還。佛蘭克剛在上星期六結束營業，準備到「商礦銀行」貸款，好到堪薩斯城找份工作。

他像隻鬥敗的公雞，沒有了信心和鬥志。突然間，有個人從街的另一頭過來。那人沒有雙腿，坐在一塊安裝著溜冰鞋滑輪的小木板上，兩手各用木棍撐著向前行。他橫過街道，微微提起小木板準備登上路邊的人行道。

就在那幾秒鐘，他們的視線相遇。佛蘭克見他坦然一笑，很有精神地向自己打招呼：「早安，先生。今天天氣真好啊！」

佛蘭克望著他，體會到自己是何等富有：「我有雙足，可以行走，為什麼卻如此自憐？這人缺了雙腿仍能快樂自信，我這個四肢健全的人還有什麼不能辦到的？」

佛蘭克挺了挺胸膛，本來預備到「商礦銀行」只借一百元，現在卻決定借二百元；本來是打算到堪薩斯城想找份零工，現在卻很有信心地告訴自己：「我要到堪薩斯城去找一份新的工作！」

結果，佛蘭克借了錢，找到了工作。從此，佛蘭克把下面一段話寫在洗手間的鏡面上，每天早上刮鬍子的時候都念它一遍：

「我之所以悶悶不樂，因為我少了一雙鞋；直到我在街上，見到有人缺了兩條腿。」

三、發現自己的才能，追求自己的目標

在莎士比亞的著名戲劇《哈姆雷特》中，大臣波洛涅斯告訴他的兒子：「最重要是，你必須對自己忠實；正像有了白晝才有黑夜一樣，對自己忠實，才不會欺騙別人。」

波洛涅斯在勸告兒子要根據自身最堅定的信念和能力去生活——去正視不同的世界。但是，必須尊重他人的權利。然而，大多數人總發現自己在猶豫之中徘徊。

怎樣做才能不虛度一生？怎樣才能知道自己選擇了合適的職業或恰當的目標呢？與其讓雙親、老師、朋友或經濟學家為我們制訂長遠的生涯規劃，還不如自己來瞭解一下我們「擅長」做什麼、我們能夠做什麼。

四、不逃避現實，面對困境

成功、思維和身心狀況的關鍵是「適應性」。在現實生活的壓力之下，我們許多人會因為挫折與失敗變得沮喪，失去對生活的方向和追求，而沉溺於酗酒、抽菸或依賴藥物，以幫助我們抗爭對現實的不滿。或許酒精和藥物可以暫時減少我們對失敗和痛苦的畏懼心理，但也阻礙了我

們去學會承受這些壓力而更成長、更茁壯的機會。

適應生活壓力的最好方法之一，就是簡單地把它們當成是「正常的現象」加以接受。生活中的逆境和失敗，如果我們把它們作為正常的結果來看待，就會幫助我們增強免疫力，防禦那些有害的、具有負面影響的反應。

讓「自卑」自動滾蛋

通往成功的道路上，不必為「自卑」而徬徨，
只要把握好自己，成功之路就在腳下。

成功與快樂的起點，就是良好的「自我認識」。

在你真正喜歡別人以前，你必須先接納自己。在你未接納自己以前，動機、設定目標、積極的思考等等，都不會為你工作。在成功、快樂屬於你之前，你必須先覺得做這些事情很值得。

古往今來，成功人士並非完美無缺，他們甚至比常人的出身更卑微。再看看他們積極的自我意識，你會有很多收穫。

美國總統羅斯福是一個有缺陷的人，小時候是一個脆弱膽小的學生，在學校課堂裡總顯露一種驚懼的表情。他呼吸就好像喘大氣一樣。如果被喊起來背誦，會雙腿發抖，嘴唇也顫動不已，回答問題，總是含

含糊糊、吞吞吐吐，然後就頹然地坐下來。

像他這樣一個小孩是很敏感的，常會迴避同學間的任何活動，不喜歡交朋友，成為一個自憐的人！然而，羅斯福雖然有這方面的缺陷，但卻有著「奮鬥的精神」。

事實上，本身的缺陷促使他更加努力奮鬥。他沒有因為同伴對他的嘲笑而減低勇氣。他喘氣的習慣變成了一種堅定的嘶聲。他用堅強的意志，咬緊自己的牙床使嘴唇不顫動而克服懼怕。

沒有一個人能比羅斯福更瞭解自己，他清楚自己身體上的種種缺陷。他從來不欺騙自己，認為自己是勇敢、強壯或好看的。他用行動來證明自己可以克服先天的障礙而得到成功。

凡是他能克服的缺點他便克服，無法克服的他便加以利用。透過演講，他學會了如何利用一種假聲，掩飾他那無人不知的暴牙，以及他的駝背的姿態。

雖然他的演講中並沒有任何驚人之處，但他不因自己的聲音和姿態而自我放棄。他沒有洪亮的聲音或是威重的姿態，他也不像有些人那樣具有驚人的辭令，然而在當時，他卻是最有力量的演說家之一。

由於羅斯福沒有在缺陷面前退縮和消沉，而是充分、全面地認識自己，在意識到自我缺陷的同時，能正確地面對自己。不因缺憾而氣餒，甚至將它加以利用，變為扶梯而登上名譽巔峰。在晚年，已經很少人知道他曾有過嚴重的缺憾。

「自信」是所有成功人士必備的素質之一，要想成功，首先必須建立起自信，而你若想在自己內心建立信心，即應像掃街道一般，首先將相當於街道上最陰濕黑暗之角落的自卑感清除乾淨，然後再種植信心，並加以鞏固。信心建立之後，則新的工作機會就會伴隨而來。下面是加強信心的有效方法和步驟：

一、分析自卑原因

首先，你應觀察自己的自卑感是由什麼原因造成的。你會發現原來自己的自我主義、膽怯心、憂慮及自認比不上他人的感覺是在你小時候就已存在，而自己和家人、同學、朋友之間的磨擦往往是由自己的自卑消極心態造成的。若對此能有所瞭解，則你就等於已踏出克服自卑感的第一步了。

人不是神，既不可能十全十美，也不會十項全能什麼都會。人的價值追求，主要表現在自身能力及努力能達到的目標，而不是片面地只追求完美。對自己的弱項或遇到的挫折，持理智的態度，既不自欺欺人，也不將其視為世界末日，而是以積極的方式面對現實，這樣一來，便能有效地消除自卑。

二、寫下自己的才能與專長

你不妨將自己的興趣、嗜好、才能、專長全部列在紙上，這樣一來，你會清楚地看到自己所擁有的東西。另外，你可以將做過哪些不同的事紀錄下來，譬如，你會寫文章、你善於談判、你會演奏幾種樂器、你會修理機器等，都可以記下來。清楚的知道自己會做哪些事，再和其他同年齡的人做比較，你便能瞭解自己的分量。

三、面對恐懼

請記住，對自己絕不可放縱，你應正視自己的問題，試著從正面去解決問題。譬如你害怕在大庭廣眾前發表意見，就應多在大庭廣眾前與人交談。

如果你為了加薪問題想找上司談判，但因心生膽怯，一直無法獲得解決。建議你不妨一鼓作氣走到上司面前，開門見山地要求加薪，相信結果一定比你想像的還好。因此，如果你現在心裡有尚未完成而需要完成的事，切勿遲疑，趕快展開行動吧！

四、努力補償

透過努力奮鬥，用某一方面的成就來補償缺陷或心理上的自卑感。有自卑感就是意識到了自己的弱點，就要設法予以補償。強烈的自卑感，往往會促使人們在其他方面有超常的發展，這就是心理學上的「代償作用」。即是透過補償的方式揚長避短，把自卑感轉化為自強不息的力量。

解放黑奴的美國總統林肯，補償自己不足的方法就是透過教育及自我教育。他拚命自修以克服早期的知識貧乏和孤陋寡聞，他在燭光、燈光、水光前讀書，儘管眼眶越陷越深，但知識的營養卻對本身的缺陷作了補償，最後使他成了一位傑出貢獻的美國總統。

從小貝多芬聽覺有缺陷，耳朵全聾後能還克服障礙寫出了優美的

《第九交響曲》。

許多人都是在這種補償的心理下，用不停的奮鬥肯定自己。古人云「人之才能，自非聖賢，有所長必有所短，有所明必有所敝」，故從這個角度上說，天下無人不自卑。

五、投入工作

將注意力轉移到自己感興趣也最能表現自己價值的活動中去，可透過致力於書法、繪畫、寫作、收藏等活動，進而淡化和縮小缺點在心理上造成的自卑陰影，緩解心理的壓力和緊張。每當做好一件工作，你便能獲得進一步的信心；而有了信心，又可為你帶來物質上的報酬，使你獲得別人的讚美，進而得到心理上的滿足。

這些連續美好的反應，是讓你走上成功的推進器，使你爬得更高、看得更遠，徹底發揮所長，並獲得自己想要的事物。

克服自卑，只是走向自信的第一步，為了樹立充分的自信，還應遵循以下步驟：

一、選擇自己可以接受的限制

有些天生的限制我們無法改變，譬如有些殘疾人就不可能靠自己的身體去做過多的勞動。對待這種情況，明智的辦法是去發展自己不受限制的大腦，照樣可以取得傑出的成績。

自信不過是一種感覺，如果你用肯定的態度去對待，久而久之它就會變成一種實際的行動。而其他人的意見或者自己的懷疑則經常會讓你對自己的能力產生懷疑。最好的辦法就是不管別人怎麼說，自己盡可能地去嘗試。嘗試越多，便對自己的限制瞭解得越清楚。自己的選擇就會更加貼近實際。自己的能力會逐漸清淅，自信心自然也會增加。

二、突顯自己的優勢

贏家永遠都知道如何突出自己的優勢，並把自己的主要精力用在這上面。人人都有過類似的經歷，當與別人一起交換心得時，如果涉及的是自己的專業，任誰都會滔滔不絕，似乎是此道專家。為什麼？那畢竟是自己的優勢，自信會不知不覺的表現出來。

天才畢竟是少數，因此我們每個人都應該發現自己的優勢，進而把它擴大，久而久之，自信便會大增。

三、與相信你的人做朋友

許多人都知道，得到別人的信任會使自己自信大增，這方面的例子實在是不勝枚舉。

一位英語講師講述了他上中學時的一次經歷：那時他的英語成績不是很好，對自己是否能學好英語實在沒有信心。恰在這時，一個女孩子徹底改變了他。她當時是班上英語課代表，英語成績全班第一。

有一天，她忽然拿了幾個問題向他請教。他當時真是受寵若驚，但很快便鎮靜下來，和她一起討論那幾個問題。兩人居然把那幾個問題給弄清楚了。從此以後她便經常向他請教，而他竟然也都能一一解答。這種神奇的力量使他自信大增，發奮學習英語。不出一個學期，他的英語竟然考了全班第一。

四、從挫折中奮起

「受過挫折」和「艱難經歷」都是一種財富。只有什麼也不做的人才不會有挫折，當然，自信不會來自挫折本身，但失敗和挫折能夠教給人許多有用的經驗。而這些東西一旦被你所牢記，日後便成了巨大的財富。

俗話說「失敗是成功之母」，沒有人想要為失敗而失敗，所有人都是為了要成功才嘗到失敗的滋味。從失敗和挫折中汲取有用的經驗和教訓，必將增強自己的自信。

五、虛心展望未來

一個自大的人遲早會嚐到失敗的滋味。許多人在奮鬥的道路上面對艱難毫不畏懼，可一旦成功卻又被成功腐蝕。他們會忘了過去的自己，而看不起不如他們的人。那些經常談論自己成就和能力的人恰恰是一些缺乏自信、沒有安全感的人。

活在從前輝煌記錄的人，是無法再找回自信的。只有不斷迎接挑戰，虛心展望未來的人才能不斷增強自信。

你可以
選擇
這樣愛自己

PART 3

快樂使人更有價值

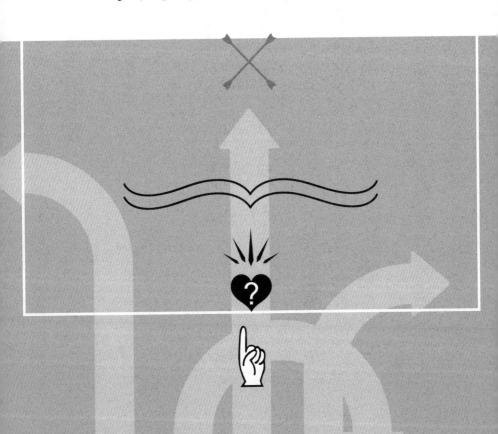

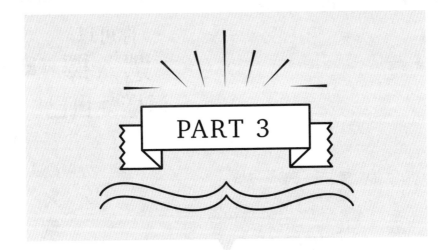

○×承認失敗，就不怕失敗

你現在所努力的一切，都是為了將來的成就蓄勢待發。

失敗是一種難得的機會，代表你離成功更近一步了。

金氏世界紀錄保險銷售冠軍——日本的柴田合子，他一個人的業績，可以抵上日本八百多位保險業務員的業績總和。

他每天的工作就是一直不停地拜訪顧客銷售保單。一位記者在公司問另一位業務員明天安排了幾個約談，他說兩個；記者又問柴田合子明天安排了幾個，柴田合子說七個，大概每小時約一個客戶。記者就問，怎麼安排這麼多約談？柴田合子說他一下午打了五十八通電話約下來的。

「五十八通電話約成了七個約談」，這意味著五十一次被拒絕，但重要的不是那五十一次拒絕，而是他得到了「七次的肯定」。

籃球場上的得分王一定是出手投籃次數最多的人，同時也是投不進次數最多的人。

「大量的行動可能隱藏著大量的失敗，但同樣隱藏著大量的成功」。重要的不是有多少次失敗，重要的是得到了多少次成功，成功次數越多，失敗次數也可能相對越多。

你是否仔細思考過這個問題：「為什麼我無法成功？」也許很多人都曾經思考過這個問題，但得到的結論幾乎相同：「條件有限！」因為「條件限制」，許多人就這樣認定自己難以改善命運。內心的消極情緒占了上風，自己選擇了失敗的宿命。他們總認為自己只要有足夠的資金，就可以成就得和別人一樣好。這可能是事實，但是，他們本應該積極地去爭取這些足夠的資金！

審視一下你的家庭成員中，有沒有你認為的「成功者」？如果有，他就是榜樣，他不會比你的起點更好。如果沒有，其根本原因往往在於：這個家庭從來沒有人產生過追求成功的熱情，沒有真正努力過。

縱觀歷史上眾多的成功者，你也會發現，許多人比你起步的條件更糟，但他們成功了。原因是他們有成功的願望。美國總統林肯認為：「一個人決定實現某種幸福，他就一定會得到這種幸福。」也就是說：成功的條件只需要有一個，你就註定有成功的希望——「我希望成功，並始終相信自己會成功，永遠都不停止努力！」

真正得天獨厚的人是極其少的，而許多的成功人士事實上都是很普通的人。有這麼一句話：「堅忍是成功的一大因素，只要在門上敲得夠久，夠大聲，終會把人喚醒的。」

英國物理學家法拉第，出身貧寒，十三歲上街賣報，十四歲在一個釘書店當學徒。只有晚上和假日學習。後來他進了英國皇家學院，在物理學家大衛身邊當實驗員，工作之苦，如同僕役，受盡欺侮。

一八三〇年，大衛去世了，法拉第接替了大衛的全部工作。這時，法拉第才真正開始從事物理學的研究，但此時他已是四十歲的人了。過去的二十五年，僅僅是為此一階段「做好準備」。

法拉第上任的第一天，助手們紛紛來祝賀，他卻謙遜地說：「我不是大衛那樣的人，他是個發明家，年紀不大就離開了人世，只活了五十一歲。他的精力消耗得太快了。我們可能比他活得長久些，因為我們都很珍惜自己。我們所研究的並不是什麼新東西，而是將大衛已經做過的事情加以驗證和觀察罷了。」

他還說：「大衛是個天才，也許是他有比較大的幹勁。然而只有天才進行創造，我只不過把天才所創造的事進行到底。」

一八三一年，法拉第發現了電磁感應。這項發現是他十年來科學研究的頂峰。在那些日子裡各種誘人的訊息紛紛而來；多達原來十二倍的工資在誘惑著他；各種不同的職務在等著他；英國貴族院授予他貴族封號；皇家學會聘請他為學會主席。對所有這些邀請，法拉第都一一予以謝絕。

法拉第對妻子說：「上帝把驕矜賜給誰，那就是上帝要誰死。我父親是個鐵匠的助手，兄弟是個黑手工人，曾幾何時，為了學會讀書，我當了書店的學徒。我的名字叫明毅爾．法拉第，將來刻在墓碑上的惟有這一名字而已！」法拉第就是這樣的謙虛，這樣的平淡。

甘於平淡，並不是甘於平庸，平淡的人是一種蓄勢待發的人。一個良好的射手，總是把弓拉滿了再射出去，如此才能勢勁而中的。這一切當然需要過人的耐力。

歌德說：「只有兩條路可以通往遠大的目標，得以完成偉大的事業：力量與堅忍。力量只屬於少數得天獨厚的人；但是苦修的堅忍，卻艱澀而持久，能為最微小的我們所用，且很少不能達到它的目標，因為它那沉默的力量，是隨時間而日益增長的不可抗拒的強大力量。」

鋼鐵般的意志力

你的意志力是否堅定，直接影響著你的將來是否成功。

柏克斯頓曾經是一個頭腦簡單、四肢發達的頑童，他的與眾不同之處就在於他堅強的意志力，這種意志力在他幼年曾表現為喜歡暴力、飛揚跋扈和固執己見。

柏克斯頓自幼喪父，所幸的是他母親很有見識。她敦促他磨煉自己的意志，在強迫他服從的同時，對一些可以讓他自己去做的事，她總是鼓勵他自拿主意。他母親堅信如果加以正確引導，形成一個有價值的目標的堅強意志，這對一個人來說是最難能可貴的特質。

當有人向她談及柏克斯頓的任性時，她總是淡然地說：「沒關係的，他現在是固執任性，你會看到最終會對他有好處的。」

當柏克斯頓處於形成正義還是邪惡的人生緊要關頭時，他幸運地與一個家庭以良好的社會品行著稱的女子結婚。

他的意志的力量，在他小時候使他成為一個難以管束的頑童，但現在卻使他從事什麼工作都不知疲倦並且精力充沛。當時身為釀酒工的他不無得意地說：「我可以先釀一個小時的酒，再去做數學題，再去練習射擊，而且每件事都能聚精會神地去做。」

當他成為一個釀酒公司的經理後，事無巨細他都過問，使公司的生意空前興隆。即便是在工作非常繁忙的情況下，他仍然每天晚上堅持勤奮自學，研究和消化孟德斯鳩等人關於英國法律的評論。

柏克斯頓的讀書原則是：

「看一本書絕不半途而廢。」

「對一本書無法融會貫通熟練運用，就不能說已經讀完。」

「研究任何問題都要全身心地投入。」

後來，柏克斯頓幸運地躋身於英國議會。在他剛剛步入社會時，他目睹奴隸貿易和奴隸制度的種種黑暗，便下定決心把解決奴隸的問題作為自己最大的人生目標，在他進入英國議會後，他更是把在英國的本土及殖民地上徹底實現奴隸的解放作為自己的奮鬥目標，並矢志不渝地努力、奮鬥。

然而想要廢除英國本土及其殖民地上的奴隸貿易及奴隸制度，既要與傳統勢力鬥爭，又要與維護自身利益的貴族鬥爭，這項推動歷史進程的工作，其艱難可想而知，但柏克斯頓做到了。

在每一種理想追求中，能夠作為成功保證的，與其說是「才能」，不如說是「不屈不撓的意志」。因此，「意志力」可以定義為一個人性格特徵中的核心力量，概而言之，「意志力」就是人本身。意志是人的行動的動力之源。一個人如果下決心要成為什麼樣的人，或者下決心要做成什麼樣的事，那麼，意志力或者說動機的驅動力會使他心想事成，如願以償，就算是歷經再多的磨難也不絕望地放棄努力。

偉大的雕塑大師羅丹之所以能夠為人類藝術寶庫留下《思想者》、《吻》、《巴爾扎克》等許多無與倫比的藝術品，這和他在通往雕塑藝術大師的道路上，「雖然歷經磨難但從不絕望地放棄努力」是有關的。

家境貧寒的羅丹五歲時被送進耶穌會學校。上學第一天，他興高采烈地走進校門，歡樂心情立即一掃而光——古老的校舍是那麼灰暗陰森，中年的耶穌會教師是那麼冷酷嚴厲，這樣的學習環境讓羅丹心驚膽顫，他的學習成績因而一直很糟糕。

羅丹似乎前世就與畫畫有緣。在他還未入學前，羅丹就開始自己畫畫，非常入迷。但他目不識丁的父親卻一心想讓羅丹成為一個能幹活養家的男人，並不指望他成為畫家。所以，當他得知羅丹畫畫的事後，硬是掄起皮帶，逼著羅丹把他畫的畫連同姨媽送給他的筆扔進火裡化為灰燼。

在學校裡，因為羅丹成績太差，老師也禁止他畫畫。有一次，羅丹畫了一幅神聖羅馬帝國的地圖，被教師用戒尺狠狠揍了一頓，小手被打得通紅，以至一個星期不能拿筆。不久後，教師發現他又在作畫，便拿起皮鞭處罰他。

學習成績墊底的羅丹讓父母和教師大為失望。父親只得勸兒子先找個工作，父親問羅丹想幹什麼，羅丹不假思索地回答說想去畫畫。氣得父親恨不得再次拿起皮帶狠狠揍他一頓。

在大姐的幫助下，羅丹終於進了一所免費美術學校學畫。羅丹的教師勒考克是巴黎最傑出的教師，他厭惡美術學院死板僵化的教學方式，常常勸學生不要去追求那種缺乏生命力的藝術。羅丹很珍惜眼前的學習機會，畫技大有長進。

一段時間後，勒考克發現羅丹的素描已有了相當的功底，就鼓勵他進油畫班學習。可是家境貧寒的羅丹卻發愁了：「哪來的錢買顏料呢？」幸好，羅丹的姨媽得知後，從她的主人那裡偷來了一盒主人才用了一點點的顏料。

第二天，羅丹得意地帶著顏料去學校，不料卻在他找畫布時，顏料被別人偷走了。羅丹強忍著眼淚一直呆呆地坐到下課。

雖然姨媽很同情羅丹，但由於她的主人發現顏料丟失以後，就把所有繪畫用品鎖了起來，所以她也無能為力了。羅丹在油畫班裡只得找有錢學生扔掉的顏料管裡剩下的少許顏料作畫，但這也只是杯水車薪，無法完成一幅完整的畫。儘管羅丹畫了許多草圖，卻只能堆放在一邊。萬般無奈之下，羅丹只得決定放棄學習油畫。

勒考克覺得這位很有培養前途的學生，因為買不起顏料而中止學習非常可惜，就請羅丹到雕塑室進行訓練。灰心喪氣的羅丹什麼也不想學了。但勒考克認定羅丹是個有天分的人，他把羅丹嚴厲地數落一通後，帶他到雕塑室。

面對雕塑室裡滿地一堆堆濕乎乎的黏泥、橡皮般的膠泥、赤褐色的陶土和一塊塊的大理石，以及好些梯子、支架和刀具，羅丹一下子被這個新鮮的世界吸引住了，他從內心感到自己真的太喜愛雕塑了——儘管在這之前自己對雕塑一竅不通。

羅丹整天泡在雕塑室裡，反覆琢磨、反覆嘗試著。不久，勒考克給羅丹送來了一些油畫顏料，讓他重新回到油畫教室，但羅丹怎麼也不肯再回去了。因為他已深深地愛上了雕塑藝術。

羅丹希望能考上美術學院，他每天學習十六小時，天還未亮就趕到勒考克的工作室。上午九時到十一時他學習雕塑，中午到羅浮宮臨摹名畫，下午五時到八時去編織中心學習設計課。另外還安排每週兩天去帝國圖書館學習法國經典畫家作品，每週兩個晚上跟勒考克學習人體寫生，三個晚上跟一位著名雕塑家學人體解剖，羅丹常常食不果腹，疲憊不堪，午飯總是在路上邊走邊隨便吃點東西，但他心裡很明白，不管怎麼樣，自己不能半途而廢。

他每天從巴黎的這一頭趕到另一頭，對這座城市的街道、廣場、花園、大橋和古代建築，還有著名的塞納河兩岸的大道，他都滿懷深情，瞭若指掌。他隨身攜帶的小本子畫了成千上萬幅寫生。他沒有休息日，星期六晚上待在家裡根據記憶畫想要雕塑的人物草圖，星期天則整天待在家裡用黏土進行創作。

三年過去了。羅丹請求勒考克推薦他考美術學院。在得到老師的同意並得到另一位雕塑家的推薦後，羅丹信心十足地去參加美術學院的考試。考場中央站著一個中年男模特兒，四周是應試的考生。考試要求每天只用兩個小時總共在六天內完成整個人像，羅丹覺得這是做不到的事情，但還是抓緊時間努力雕塑，兩天過去了，他才在紙上畫好了草圖，而多數考生已塑完了一半，但他們的作品都顯得光滑而沒有生氣。

在最後一天，羅丹的作品雖然還沒有完全塑成，但他感到已是所有考生中最好的作品。主考官走過來，用一種奇怪的眼光看了看羅丹後就走開了。最後，羅丹的報考表格上是「落選」。

第二年，羅丹強制自己也把塑像塑得光滑，而且還在表層打上了亮油，但主考官仍然判他「落選」。第三年，他以希臘風格進行創作，塑像完成後他看到了在場所有的考生都露出了妒忌的眼光。但主考官還是簽了個「落選」的評語，並在他的名字後批寫：「此生毫無才能，繼續報考，純屬浪費。」

羅丹猶如五雷轟頂，淚眼模糊，他跟跟蹌蹌地走出考場。一位學畫的朋友告訴他：「你是個天才的雕塑家，但因為你是勒考克的得意門生，所以他們永遠也不會錄取你，否則就等於他們贊成勒考克的藝術主張了。」

但勒考克認為不被錄取也是一件好事，因為如今的美術學院死守古典主義風格，已不可能培養出大師了。羅丹為了糊口，只得先找到一份做建築物綴飾的工作。不久，一直支持他做雕塑，以至因為把所有收入都提供給了羅丹，自己不得不忍受男友的拋棄去修道院的二姐不幸病逝。

羅丹痛不欲生，在一個冬日的雨夜，背著勒考克獨自到修道院去了。他覺得自己對二姐的死負有責任，必須贖罪，所以決定去修道院頂替二姐的位置。

儘管他在修道院努力遵守院規，主動去作累活兒、髒活兒，但雕塑創作的欲望卻像一把烈火燃燒著他，聖經的一切東西都成了一件件的雕塑作品。

幸好修道院院長也覺得羅丹應該成為一名藝術家，就設法為他創造條件，甚至親自為羅丹當模特兒。他還動員羅丹還俗，說他一定能用雕塑更好地為上帝服務。就這樣，一年後羅丹結束了修道士的生活。

二十歲的羅丹覺得自己不應該再依賴父母了。他先到勒考克那兒，請求繼續做他的學生。看到重新回到自己身邊的學生，勒考克又驚又喜。反覆考慮後，勒考克同意羅丹使用自己那視若生命的工作室。

經過這麼多磨難後，羅丹終於下定決心：不管今後遇到什麼挫折，一輩子也不再猶豫動搖，一定要取得事業上的巨大成功。他知道自己已別無選擇！

也許正因為這樣，完全沒有了退路的羅丹，終於用他的智慧和刀具，在世界雕塑史上留了輝煌一頁的同時，也使自己成為一尊不朽的雕像！

樂觀能使挫折消失無蹤

幽默是生命的活力，是一種積極向上的力量。

在醫學上，人們意識到了樂觀態度的療效。病人在所謂的「視覺化治療」中，透過想像產生出美好的畫面，據證實，神經和免疫系統對此能做出積極的反應。積極的聯想可以發動和加強身體的自我療效。

醫學鼻祖希波．克雷特也意識到了「積極畫面」的療效，因此他建議他的醫生要充滿快樂、面帶微笑地去接待病人。

如果一個醫生嚴肅地盯望著病人，目光憂慮嚴峻，就會使病人感到害怕，反之，如果一個醫生面帶微笑、充滿快樂地走近病人，這會喚起病人的希望、信心和樂觀，更可以消除恐懼，建立信心。生病時，還有什麼比信心更重要呢？

如果「幽默」有助於戰勝疾病，那麼在生活中遭受到精神危機、生意場上經營不成功或家庭生活失敗時，「笑容」對一切會有多大的力量啊！

任何一種原材料，如果不加以利用，就不會釋放出能量。只要懂得利用幽默這種能量的源泉，就是贏得了不可戰勝的方法，以對付生活中極其嚴肅的事情。

「幽默」的對立情緒不僅僅只有嚴肅，而且還有恐懼、惱怒、狹隘、悲觀、挑釁等等一些給生活造成困難的感覺和因素。幽默能夠使生活中的很多事情都變得容易一些。

一個充滿幽默的人，必定是一個樂觀的人。

深受觀眾喜愛的演員海因茨．呂曼在許多電影中以他的詼諧幽默使觀眾開懷大笑。他對樂觀的人作了如此定義：「一個樂觀主義者就是把一切嚴重的事情看成只有一半那麼嚴重，而把好的事情則看成雙倍的好。」

一個悲觀主義者就是把一切嚴重的事情都看成雙倍的嚴重，而把好的事情則看成只有一半那麼好。對於這樣的人來說，任何一個小問題都會釀成悲劇，任何一場小的疾病都如同死刑宣判，任何一次小的挫折都會導致不幸。

要是位於低谷，把眼前的山看得有兩倍那麼高，他就會怯於這個不可逾越的高度而放棄攀登。但是倘若把眼前的山想像成一半那麼高，那他就會更加充滿信心，更容易從山谷中走出來。

樂觀主義者能夠從一切事情中設法找出最好的來。對那些他無從影響的東西，樂觀主義者只是表示接受；而對那些他能夠施加影響的東西，則設法從中找出最好的來。

只要對生活不過分嚴肅，一隻眼睛哭過之後另一隻眼睛總能含著笑意，那麼就能夠在跌倒之後重新站起來。

○×在貧困中仍有希望存在

貧困不代表絕望，而是「翻身脫困」的基本前提。走過了人生的沼澤，接下來很可能就是坦途。

許多人並不知道，以《高老頭》、《葛朗台》、《守財奴》等傑作為世人矚目的大文豪巴爾札克，起初為了實現自己的願望，其實走過了許多坎坷的路。

巴爾扎克很年輕時就取得了法學學士的學位。一直對他很苛刻的父母眼看著兒子能謀一個令他們稱心的職業，可以使他們的門楣生輝了，怎麼能不喜形於色呢？

出乎父母的意料，巴爾扎克語氣堅定地宣告，他無論如何也不會去做檢察官、律師或法官，他決意要成為一名作家，憑自己的作品去獲得獨立自主。

二十歲的巴爾扎克第一次昂起了他的頭，這對於長期習慣於專制命令教育的父母，實在是一個難以接受的打擊。兒子居然要放棄一個有現成保障的職業，而去獻身一項靠不住的「工作」！

他們覺得太不可思議了。在他們看來，文學是奢侈品，只適合富豪人家的子弟去耗費過剩的精力，當時的維尼、雨果等大詩人、大作家莫不如此。而他們只是一個中等家庭，並且他們根本就不相信巴爾扎克具備什麼才華，特別是他的母親。眾人中對巴爾扎克最多的稱呼便是「笨蛋」、「蠢貨」。更讓他們難以接受的是，巴爾扎克在宣佈他的決定時，還向父母提出了提供資助的要求，這對當時家庭由於經濟原因從巴黎市區搬到郊區的父母來說，是難以接受的。

父母強硬地表示反對後，又動員親戚朋友一起做說服巴爾扎克的工作，但一切都無濟於事。經過好些日子的激烈爭論，父母終於做出了讓步。他們跟兒子簽訂了一份兩年期的合同，應允兩年內按月付給巴爾扎克五百法郎的補助金，兩年期滿，巴爾扎克尚未成為大作家，就必須回去從事律師職業。

即便是這樣，巴爾扎克的母親仍然不甘心。她立即採取了兩個措施，首先是為了掩人耳目，瞞住真相，她向親友們散佈說巴爾扎克由於健康原因，將去南方一個表兄家暫住。接著，為促使兒子因受凍受餓而改變主意，她陪著巴爾扎克到巴黎，替他租下了一間即使在巴黎窮街陋巷也十分罕見的破房子。

巴爾扎克並不在乎這些，而是由衷地慶幸自己獲得了自由，擁有了一個屬於自己的天地。但是，寫什麼呢？巴爾扎克卻從來沒有考慮過。事實上，巴爾扎克最初的創作願望，純粹是出於一種熱情，出於一種衝動，出於一種對文學難以名狀的熱愛。雖然在這之前他也曾寫過一些諸如讀書箚記和一些詩歌，但當他坐下來重新審視那些東西時才發覺，它們簡直是一堆廢紙。

一時之間，巴爾扎克心裡空蕩蕩的，不知道應該怎樣實現自己「成為文壇上的國王」的豪言壯語。但「開弓沒有回頭箭」，事到如今也只能硬著頭皮往前走。

巴爾扎克決心從頭做起。於是，阿斯納爾圖書館裡多了一位不知疲憊的讀者。每天他一早進館，一頭栽進書堆當中，直到傍晚閉館。圖書館館長漸漸注意到這位每天最後一個離開圖書館的書迷，知道他叫巴爾扎克，並向他發出了邀請。

原來這位館長是一個文學社團的主管，這個社團集結了一批當時的名流，定期在館長家聚會。巴爾扎克正想從書堆裡求得突破，館長的邀請，使得他能有名人的指點，豈不正中下懷？但轉念一想，參加活動的全是巴黎社會的體面人物，自己不但沒名沒份，甚至連一件像樣的衣服都沒有，如果貿然赴約，豈不自討沒趣？再三權衡之後，他放棄了這個機會。

和名流相比，與普通人打交道可就容易多了。巴爾扎克站在窗前，關注起那些與他打扮並無二樣的人們，他覺得自己跟他們沒有什麼隔閡，而觀察他們的生活和性格，不也是一種研究嗎？於是，他下意識地讓自己混到街上的窮苦人群中。

與這些人接觸多了，巴爾扎克感到他們的破衣衫彷彿已穿到自己的身上，露著腳趾的鞋子已套在他的腳上，他們的願望、他們的期待，都已滲入了他的靈魂。他覺得，他的心與他們是相通的，自己也會跟他們一樣，對虐待他們的工頭和廠主勃然大怒，對他們為了謀生而被迫忍受的百般折磨憤憤不平。

隨著他對生活在社會底層的百姓瞭解的深入，他對巴黎、對整個社會的瞭解也愈加深刻。特別是巴黎這個大革命的策源地，英雄豪傑、地痞流氓、發明家與大學者，德行與罪惡，豪富與貧窮，全都在這裡共存。這裡有多少奇蹟在發生而不被注意，有多少可怕而又美好的事物等待著去發現、挖掘！

這種十分深刻的感悟，成為後來巴爾扎克構築人間喜劇曠世大廈的思想基礎，而這時僅是一種存儲心頭的積累。他的創作注意力還在如何躋身流行藝術方面。他確定了一個題目，打算寫一部名為《克倫威爾》的詩體悲劇。

他著魔似地沒日沒夜地投入了工作。錢不夠用，他就儘量節省其他開支，確保邊寫作邊讀書的所需，甚至為了把買水的錢省下，他只得每天早晨匆匆跑到附近廣場的水池邊洗臉。

經過八個多月的嘔心瀝血，反覆推敲，巴爾扎克終於完成了由一千多行詩句組成的劇作。他立即帶著詩稿回到家裡，父母邀請了一批親戚朋友，讓巴爾扎克當場宣讀他的作品。巴爾札克忐忑不安，劇本念了整整四個小時。

在場的人起初還有些興趣，後來越來越精神不濟。念完後，幾個有身分的人未置可否。母親於次日專程拜謁了一位文學教授，遞上巴爾扎克的稿本，請這位權威人士做個評論。

數日以後，巴爾扎克的母親接到了教授的來信：「他可以嘗試各種職業，就是不要做文學。」教授的這一評語，正中父母下懷，他們就順勢要求巴爾扎克趁早回頭。巴爾扎克以合同期限未滿為由，再次拒絕了父母的要求。

在這以後的十多天裡，巴爾扎克一直無法接受失敗的現實。他找朋友商量把劇本搬上舞臺的方法，朋友替他介紹了一名演員。當這位演員看完劇本，打算給劇團的其他演員傳閱時，巴爾札克突然收回了文稿，他意識到，如果再繼續堅持下去，必將給自己帶來更多的恥辱。他將這個稿本連同自己的狂妄心理一同丟到角落裡去了。

冷靜下來後，他認識到當務之急不是一舉成名的問題，而是如何在跟父母的合同期滿前寫出一部可以發表的作品來。經過一番折騰，他又寫出了一部作品的草稿。但這次，他自己先把它否定了。因為那不是他創作的小說，而是臨摹和搬抄拼湊起來的粗劣贗品。

在他第二次品嚐失敗的苦果時，父母通知他必須在一個月內遷出住所，同時中止合同。就在巴爾扎克走投無路時，他認識了一名市儈作家。於是，倆人合夥經營一家小說製造公司。從此，巴爾扎克這台「寫作機器」飛快地運轉起來。

巴爾扎克發表了難以計數的作品，光是用「羅恩騎士」和「荷拉斯德聖多賓」為筆名發表的長篇小說就有十幾部之多。這些作品完全為書商營利服務，迎合低級趣味，強調感官刺激，專供讀者消閒解悶，與其說是藝術，不如說是商品。巴爾扎克為了賺取稿酬，閉門造車，信筆胡謅。

巴爾扎克的內心充滿了痛苦。當他的妹妹想讀他的作品時，他阻止說：「那實在是下流的東西。」他還多次對妹妹講，等存夠了錢，他將安心地從事真正的創作。

後來的結果並不如他想像的那麼順利，巴爾扎克在跟一個出版商交涉中，無意獲知對方一個沒能實現的出版經典名著的計畫，他突發奇想，借錢與別人合開了出版社，但因管理不善造成大量積壓，合夥人見勢不妙又陸續抽走了股金，結果巴爾扎克一人賠了巨大的損失。

第二年，巴爾扎克為挽回損失，冒著風險出資一家印刷廠，但再次失敗。兩次失敗產生十萬多法郎的債務。為了逃債，他數次更換住處，並改名蘇維爾，祕密住進巴黎近郊凱西尼街的小房子。他在書房的壁爐上放了一尊拿破崙的石膏像，在其底座上寫著：「我要用筆來完成拿破崙用劍未能完成的事業！」

從此以後，巴爾扎克面對自己的座右銘：每天工作十六小時。一年以後，他的第一部真正的小說《舒昂黨人》問世，引起強烈迴響。從此，他擺脫厄運，一步步走向光輝的頂巔。

試想一下，如果巴爾扎克當初按照父母的願望選擇了律師這一行當，如果巴爾扎克在走投無路時繼續充作「寫作機器」創作市儈小說，或者，在一次次失敗後乾脆放下筆另謀生路，今天我們誰還知道他的名字呢？

越是在困難的時候，越不能放棄對崇高事業的追求；越是在遇到挫折時，越要充分相信自己的潛力。執著於自己的目標，努力不懈，才能實現輝煌的人生。在困難面前，沒有勇氣，就沒有突破；沒有超人的勇氣，就沒有超人的突破。

堅持目標，努力到底

「目標」是成功的方向，如果無法堅持目標，等於已經放棄了成功。

年輕的板球投手看上去每個動作都準確無誤。上一步正確、沒有犯規、目標也盯得準、投球平穩，眼看著球滑入坑，而沒有撞倒五號杆。這會怎麼樣？有什麼不對勁的地方嗎？為什麼不是好球？

「你的球沒有力量，」他的教練說，「因為你淺嘗輒止而沒有堅持到底！」

高爾夫球教練、棒球、足球教練以及經理人員、工頭兒和監工每天也常說類似的話。

「不堅持到底，所以你才輸！」

為了避免此類情況在工作中一再發生，你可遵循以下兩條原則：

一、充分利用初步勝利

戰爭中最後的勝利是屬於有能力和遠見且會利用優勢的指揮官。一旦突破了敵人防線，敵人開始撤退，徹底消滅敵人的時機也就到來了。面對敵人亂作一團的潰退，我方必須進行堅決迅速的追擊。

商界也是如此。把西服賣給對方以後，不要就此止步。接著把和西服配套的鞋襪、領帶、襯衫和也一併賣給他。

汽車行業最大的利潤並不是賣掉汽車時所得到的。精明的推銷員堅持不懈，讓顧客買下全套豪華附加設備（包括天窗和按摩椅及高級的配備），藉此從中賺取更大利潤。

這一「堅持到底」的觀念不僅適用於商業，也適用於對他人的把握。如果以極大的幹勁堅持到底，你可以充分利用最初的成功保證，全面勝利。

二、確保不斷成功

如果發揮聰明才智，並為長期成功做好準備，你將有足夠的後勁堅持到底，確保不斷成功。譬如，新的音樂團體總是曇花一現。每百個團體中只有一、二個出完唱片一年後還存在音樂市場上的有多少？為什麼？

正像一個頗受歡迎的晚間節目主持人曾經說的：「他們只有幾個人，不會給觀眾更多的花樣。開始的幾首歌唱得非常精彩，但之後就再也拿不出什麼像樣的歌了。」

美國心理學家鄧尼斯．威特勒在對那些包括奧林匹克的運動員、商業界總經理、太空人、政府主管等成功的人士進行了多年調查研究之後，得出結論說：「成功的關鍵在態度。」他說：「在他們和其他人之間有著一條明顯的界線，我稱其為成功的邊緣。這個邊緣並非特殊環境或具有高智商的結果，也不是優等教育或超人天賦的產物，更不是靠時來運轉。成功者的關鍵，我已發現了——是態度。」

「態度」是決定你取得成功的能力大小的最重要因素之一。自己犯嘀咕，覺得自己能力不大，成功沒有希望，不但會失去開發自己能力的欲望，而且會消磨精力，降低應付環境的專長，進而失去成功的機會。

每一個人都有能力發展自己，取得更大成功，不幸的是，人們在開發自己潛能取得成功的過程中，常會遇到一種自身的心理障礙，這就是所謂的「約拿情結」。約拿是聖經中的人物，上帝給了他機會，他卻退縮了。這是害怕自己的智力所能達到的水平，所產生的心理軟弱到甘願迴避成功的典型。

迴避成功的心理障礙主要有：意識障礙、意志障礙、情感障礙和性格障礙等。

一、意識障礙

所謂意識障礙，指由於人腦歪曲或錯誤地反映了外在現實世界，進而影響以至減弱人腦自身的辨認能力和反映能力，阻礙著人們對客觀事物的正確認識，進而影響了在事業上的成功。「意識障礙」，主要表現在：

「自卑型」心理障礙——因生理缺陷或心理缺陷即自認為智力水平低，或家庭、社會的條件不如人，而產生的一種缺乏自信、輕視自己，無能進行自我能力開發的一種悲觀感受。

「閉鎖型」心理障礙——不願表現自己，把自我封閉在內心，而不願向他人表現，因而缺乏自我開發的積極性。

「厭倦型」心理障礙——是一種厭惡一切自己不感興趣和無能為力的心理狀態。存在厭倦心理的人，常常抱怨自己「懷才不遇」，悔恨「明珠暗投」，而對自我開發失去興趣的一種心理障礙。

「習慣型」心理障礙——習慣是由於重覆或練習鞏固下來的並變成需要的行為方式，習慣的形成原因，一是自身養成，一是傳統影響。認為不進行自我能力開發也照樣過日子，滿足於現狀是前一種，而求穩怕亂則是後一種。

「志向模糊型」心理障礙——是指對將來做什麼，成為何類人才的理想不明確，進而沒有定向進取的內驅力，進而不能進行自我能力開發的一種心理障礙。

「價值觀念型」心理障礙——是指對作用於人的客觀事物的價值量進行了不正確的或者錯誤的心理評估，形成了一種畸形的價值意識，如把工作分為高貴與低賤，最突出的表現為貶低自己目前所從事的職業，因而不能結合工作開發自己能力的心理障礙。

二、意志障礙

所謂意志障礙，指人們在自我能力開發中，確定方向、執行決定、實現目標的過程中產生阻礙作用的各種非專注性、非持恆性、非自製性等不正常的意志心理狀態。主要類型有：

「意志暗示性」心理障礙——是指在制定和執行目標時，易受外界社會風潮和他人意向的直接的或間接的影響，而產生的一種動搖不定的意志心理狀態。表現為確定目標時的「朝秦暮楚」，或執行決定時的「三天打魚兩天曬網」。

「意志脆弱性」心理障礙——表現在沒有勇氣去征服實現目標道路上的困難，不是主動去征服困難，而是被動地改變或放棄自己長期奮鬥過的既定目標。

「怯懦性」心理障礙——怯懦是一種懦弱膽小、畏縮不前的心理狀態。這種人過於謹慎、小心翼翼，常多思慮、猶豫不決，稍有挫折就退縮，因而影響自我開發目標的完成。

三、情感障礙

所謂情感障礙，指人們在能力的自我開發中，對客觀事物所持態度方面的不正確的內心體驗。主要表現為麻木情感，指人們情感發生的界限超過常態的一種變態情感。

所謂情感界限，就是指引起情感的客觀外界事物的最小刺激量。麻木情感的產生主要是由於長期遇到各種困難，受到各種打擊，自己又不能正確地對待和加以克服，以至於對客觀外界事物的內心體驗界限增高，形成一種內向封閉性的心理態勢。它使人們喪失對外界交往的生活熱情、對理想和事業的追求。

四、性格障礙

所謂性格障礙，是指人們在自我開放中常常出現的氣質障礙，如抑鬱的人易表現孤僻乖戾、不善交際的弱點，表現優柔寡斷、缺少魄力的弱點，及缺乏毅力，辦事武斷、魯莽等弱點。

這些障礙主要屬於認識上的主觀片面性、表面性，以及思想僵化凝固等原因，與迴避成功、害怕成功的心理障礙相比，是性質不同的心理障礙，但同樣對人的事業成功有著巨大影響，特別是當這些心理障礙互相影響時，會形成一種強大的負效應，導致一個人的事業失敗。

一個人的人成就不大，不在於智力不夠，而在於沒有克服自己心理上的弱點和謬見，只有不斷向自己挑戰，認真對待以上心理障礙，才能取得更大的成功。

積極，是為了下一次的跳躍

思想是原因，環境是結果。如果你不滿意現在的環境，你就必須改變腦中的思想。

很多人說自己天生就消極，其實，沒有「消極的嬰兒」，只有「消極的成人」。

二十世紀五〇年代，巴勒教授在一家診所裡做過這樣的試驗：他對一組處於催眠狀態下的人進行誘導，讓他們認為自己沒有任何天賦，以至於在生活中失敗了。然後他對這些人進行了為期十四天的臨床觀察和檢驗，從中得出的結論是——這些人有可能會患上當今時代所有類型的心身疾病。

十四天以後，他又對這些人進行催眠誘導，讓他們認為自己很有天賦、具有遠大的目標並且完全有可能實現這些目標。這樣一來，他們的臨床現象馬上就有了改變。他們變得很有生氣、精神煥發，步態和舉止都發生了變化，血壓也很穩定，心身方面的疾病也全都消失了。

這項試驗很清楚地說明了：對自己和未來持有一種積極的態度和看法是多麼地重要，而消極的態度對我們的生活將產生多麼可怕的影響。

所有積極和消極的習慣，都是後天培養出來的。既然是後天培養出來的，就一定可以變，凡事為什麼不多往積極面去想呢？

也許你會問：「想法要積極，難道有了問題，不要去想它嗎？」研究問題有時候也是積極的，因為你研究未來可能發生的問題，這並不是消極，這裡指的是一般人的負面思考，也就是只談論問題本身，而不思如何解決。

大凡事業成功的人士，一定都是積極思考者。當他們遇到問題的時候，會問自己：從這個問題當中可以學到什麼；當他們遇到挑戰時候，他們相信自己一定能突破；當他們遇到困難的時候，他們告訴自己，人生就像季節更替一樣，問題一定會過去。

他們總是抱著對未來的期望，要想就要往好處想，為什麼要往壞處想？思想是原因，環境是結果。如果你不滿意現在的環境，你就必須改變腦中的思想。

法國作家都德有一次心情很好，頓然覺得世界充滿希望，於是懷著愉快的心情，走上巴黎街頭。原本平凡無奇、呆板枯燥的街道景觀，此時映入眼簾，全都變得繽紛美麗。都德喜不自勝，激動地找人傾訴，朋友卻以為是他喝醉酒，兩眼昏花才自生幻覺。

不同的信念、不同的心境，會影響人的言行舉止以及客觀的環境。既然思想觀念深刻影響著主觀行動與客觀環境，所以，不論遭遇任何困難，都應該以光明樂觀的心態去面對，才能激發迎向事業成功的動力。

保持「希望」的人生是有力的。失掉「希望」的人生，則通向失敗之路。「希望」是人生的力量，在心裡一直抱著美「夢」的人是幸福的。也可以說抱有「希望」活下去，是只有人類才被賦予的特權。

也只有人，才由其自身產生出面向未來的希望之光，才能創造自己的人生。在走向人生這個路途中，最重要的既不是財產，也不是地位，而是在自己胸中像火焰一般熊熊燃起的理念，即「希望」。

能夠不計較得失、為了遠大理想而活下去的人，肯定會有勇氣，面對困難，肯定會激發出巨大的事業激情，開始閃爍出洞察現實的睿智之光。只有睿智之光與日俱增和終生懷有希望的人，才是具有最高信念的人，才會成為人生的勝利者。

拿破崙說：「我成功，因為志在要成功，未曾躊躇。」每個人在一生中都有成功的機會，但是大多數人不會成功，因為他們不願付出代價。他們不是沒有能力，但缺乏成功的至關重要的因素——成功的願望。成功的願望僅僅是觀念的一部分，如果你具備了這一品質，你就會無所不能，任何事情都難不倒你，最終會成為一個事業成功的勝利者。

行動上的「勝利願望」意味著即使在困境面前也要表現出堅韌不拔的態度和成功的決心。「勝利者」是如此的定義：「大多數人能堅持兩、三個月；許多人能堅持兩、三年。但是勝利者總是堅持到底，直至獲得勝利為止。」

每個人都有能力在現有的水平上，使生活有所轉機，做一個出色的人，必須這樣做的決定就是「起點」，你所持的態度將促使你達到目的。

有人曾經說過：「艱苦的時代不再延續，堅韌的人能戰勝困難。」現實生活對於人都很殘酷，許多不幸會發生——經營的失敗、個人的受傷、家庭的悲劇，所有這一切都潛在地破壞著人的心境。但堅韌不拔之人會把這些化為決心繼續向前的動力。他們能夠在最悲慘的環境下生存，去主動戰勝一切不幸。

快樂使你更有價值

「快樂」是可以使自己成為更有價值員工的重要特徵。

許多問題的產生，是因為你無法快樂地面對困境。

子彤從一所優秀的大學畢業，在社區醫院工作的第一周，子彤的主管對她良好的醫療專長和對細節的重視非常讚賞。在子彤見習期結束的時候，主管把她叫進辦公室，通知她見習期必須延長。主管告訴她，同事們感覺她的態度不太友好，而且難以共事。

主管指出，曾幾次發現她都是滿臉不高興的樣子。按照樓層護士的說法，她對待病人總是非常粗魯和情緒失落。類似的資訊已經被記錄進子彤的個人檔案中。見習期被延長到六個月，而且薪資沒有增加。子彤非常生氣，她認為自己工作得非常出色。她大聲對主管說：「我表現得很好，但我待在這裡很不高興。」說完這些，她衝出辦公室，狠狠甩上門，嘟噥著自己在這裡受到了不公正的待遇。

在工作環境中有許多非常有價值的品質和特徵。考慮這些有附加值的品質，因為它們可以使你的個人財富進一步增加，譬如你的技術專長、專家專長和工作經驗。

要在工作中獲得成功，你需要成為一個最受人喜歡、令人感興趣或使人發笑的人。你只需要具有一些其他人欣賞的積極的特徵就可以了。這些特徵不僅會幫助你與同事友好相處，而且也會有增加晉升的機會。雇主希望你能夠與同事友好相處，這樣可以防止生產效率降低。那些破壞公司運轉的人，雇主絕不會挽留他們。

在其他人欣賞的積極的特徵中，最重要的就是「快樂」。快樂可以感染別人。你可以檢驗這個道理：與幾個人一起走進電梯，說一些相關且非常積極話，例如「天氣非常好！」說這些話的時候，你可以面帶微笑，並直接看著開電梯的人。你可以得到另一個微笑。

一個令人高興的環境可以產生高效率。這就是雇主挽留和提升那些快樂的雇員的原因。快樂的特徵可以使同事希望與你共事。一個快樂的雇員往往會使事情更加容易、驅散憂傷、使其他人高興起來，也可以看到生活中充滿陽光的一面。

○× 拋棄消極的包袱

消極只會造成不快樂，更會讓人失去想要成功的動力。

被自己情緒擺佈的人，不可能成為一個有威信的主管。

我們的周圍就有一些聰明多智的人，要是這類人不被自己的情緒所支配，一定可以成就一番大事業。

你絕不知道該如何有效地接近此類人。他心情好時，樂觀通達，所從事的事業也會取得顯著進展。但一旦「憂鬱」或遇有不順心之事時，他的一切標準都降低了；他悲觀失望時，從事的一切事情都會招致失敗。他會反對同伴提出包括開支在內的每一個建議。他想削減開支，隔絕廣告，拒絕幫助，但是，也許就在第二天，他的心情好轉，則會選擇完全相反的道路。

他就這樣玩蹺蹺板，或上或下，全部的人都是他情緒的犧牲品，也成了他變幻莫測性情的奴隸。如果他陷入絕望，如果他沮喪，如果他不抵制他的低落情緒並設法克服它，那麼，直到他的浩然之氣充分復原到足以擺脫一切障礙，直到他的心態變得積極，直到他重新變得正常，充滿生機活力和快樂之前，他都會被這種變化無常性情的所影響。

「沮喪」使人無法做出正確的判斷。人在愁眉不展時，容易做出各種蠢事來。

焦慮、懷疑或沮喪時，不可能正確判斷，也不可能利用好的建議。合理的判斷來自於有效運轉的頭腦，來自於未被擾亂的清晰的思維。當你處於擔憂或焦慮狀態時，絕不要隨意行事。

當你思維清晰、頭腦清醒時，執行你的計畫，才能貫徹你早已制定的行動路線。一般人在擔憂時，精神渙散，是不可能有效地集中注意力。對於有效的思維而言，心平氣和、鎮定自若、情緒穩定、氣定神閒是絕對不可少的。

許多人之所以取得不凡的成就，一個重要的原因就是，他們在無心決定任何事情的時候、擔心將來會有麻煩的時候、害怕將來會遭受巨大損失的時候，他們絕不草率地在一些重要事情上做出決定。

在心情不好的情形之下做事絕不可能將事情辦好。「智慧」是我們在十萬火急的情況下所渴盼的東西，智慧僅僅源自於清醒的頭腦和冷靜、清晰的思維。

一個人面臨麻煩或面臨緊急情況之時，往往也就是需要他頭腦清醒、思維清晰和正確判斷的時候。如果在此種情況下，一旦你覺得恐懼或憂慮纏身時，你絕對不可以決定重大事情。但是你應該立即中止這種狀態，你應當以相反的思維或心情來整治它。

想像你已經心平氣和、鎮定自若。記住！務必控制住自己的情緒，使自己的心態平和，然後你才能頭腦冷靜。明智地把事情辦好。但是，在心亂如麻、憂慮、焦躁不安時，絕不要決定重要的事情。

不要根據你當下所面臨小小的困難而評估自己的的未來，使你今天陷入黑暗的陰雲，明天就會消散。一定要學會用寬廣的眼光看待人生，一定要學會正確評價事物。

絕大多數人往往是他們自己最頑固的敵人。我們的那些有害的不良想法和不好的情緒無時無刻不在「破壞」我們的快樂生活。所有事情都取決於我們的勇氣，取決於我們對自己的信心，取決於我們是否有一個樂觀和滿懷憧憬的信念。

然而，每當遇有不順心之事時，我們情緒低落或經歷不愉快之事時，或是我們遇到損失或不幸時，我們總是讓這些令人洩氣的想法和懷疑、憂慮、沮喪情緒，腐蝕我們的頭腦，使我們也許經過數年的努力才獲得的工作成果毀於一旦，我們只得重新開始。

大多數人的工作就像井底之蛙，向上爬，僅僅只為往後退，因此就這樣失去了我們曾經努力得到的一切。燒毀一座歷經數年才建起來的房子僅僅只需要幾分鐘。僅僅只需一筆畫，就能毀掉畫家畫了數年才畫出來的一幅畫。同樣的，憤怒、嫉妒、悲傷、憂鬱、擔憂這些極具破壞力的情感也能毀掉我們畫了數年的人生大畫。

如果你斷然拒絕這些剝奪你幸福的憂傷和沮喪，如果你因為明瞭憂傷和沮喪乘虛而入而緊守自己的門戶，將它們拒之門外，那麼憂傷、沮喪將會離你遠遠的。

要使生命沒有黑暗，最好的辦法就是使生命充滿陽光；要避免混亂，就得追求和諧；要使頭腦謝絕錯誤，就得使頭腦充滿真知；要遠離邪惡，就得多多思索美好可愛的事物。我們應當從我們的思想長廊裡抹去一切混亂的印象，代之以和諧、使人振奮、提神醒腦的特質。

當自己的主人

你自己有絕對的權力，向負面情緒說：No。

別因為外在的其他因素，影響你自己的心理狀態。

明毅是一位年輕的公司職員，公司老闆認為他做事太笨，對他的評價也不很好，為此，明毅常常感到十分痛苦。

試想一下：要是明毅並不知道自己的老闆認為他很笨，他還會因此而不快樂嗎？當然不會，一個人怎麼會為自己不知道的事情而痛苦呢？由此看來，造成明毅精神不快樂的原因並不在於上司對他的看法，而在於他自己的感覺。

此外，明毅不快樂的原因還在於，他確信別人的看法比自己的看法更為重要，如果他認為自己並不太笨，而是極力透過自己的表現向老闆來證明這一點，他也就不會因此而痛苦了。

這一理論同樣適用於對各種事物及其他人的看法：某個人的死亡並不會使你感到悲傷；在得知其去世前，你是不會悲傷的。使你悲傷的原因並不在於其死亡這一事實，而在於你聽到死訊後做出的一種心理反應。陰雨天氣本身不會使人抑鬱，「抑鬱」是人類特有的一種情緒。如果你由於天氣下雨或陰天而抑鬱，那是因為你自己對天氣的反應使你感到抑鬱。當然，這並不是說你應該欺騙自己而非得喜歡陰雨天氣，而是說你可以思考：「我為什麼非要感到抑鬱呢？」「這樣能使我更積極有效地解決問題嗎？」

上述邏輯推理證明：人總是在支配著自己的情感。

我們生活在同一社會環境之中，不管種族、文化、教育等各種因素的差異如何，只要與人進行社會交往，就會遇到相同或類似的問題——意見分歧、矛盾衝突和妥協讓步等成為了人們生活中的一部分，因此我們每個人幾乎面臨著同樣的生活挑戰。

同樣的，金錢財富、生老病死、天災人禍也是每個人幾乎無法迴避的問題。面對這些問題，有些人能夠經得起考驗，不讓自己心灰意冷；

另外一些人則會一蹶不振，甚至產生精神崩潰。

由此可見，如果一個人把這些問題視為只不過是生活的一部分，並且不以這些問題的存在與否作為衡量幸福的標準，那麼他便是最聰明的，也是難能可貴的。

要想主宰自己，首先需要培養一種嶄新的思維方式。這可能是一件很困難的事，因為社會中的許多其他因素有礙於個人去支配自己。但有一點你一定要確信，你無時無刻都能做出情感上的選擇。

你也許從小到大一直認為，人的情感是無法控制的；憤怒、恐懼、怨恨、愛慕、喜悅、歡樂等情感是油然而生的，個人根本無能為力，無法控制，只能接受，聽之任之；你還可能認為，每當一些悲傷的事情發生之時，你就會自然地感到悲傷，並希望出現一些愉快的事情使你的情緒好起來。

記住：情感並不僅僅是出現在你身上的情緒，而是你自己對外界事物做出的一種心理反應。如果你主宰著自己的情感，就不會做出自我挫敗性的反應。一旦你學會依照自己的選擇控制個人的情感，你就踏上了一條通往「智慧」之路。在這條道路上，絕無導致精神崩潰的歧途，因為你將把情緒視為一種可選擇的因素，而不是生活中的必然因素，這正是人的個性自由的關鍵所在。

生命屬於我們每一個人，你應該根據自己的意願去生活！每個人應該對自己的情感負責。你的情感是隨著自己的思想而產生的，那麼，你只要願意，便可以改變對任何事物的看法。首先，你應該想一想：精神不快、情緒低沉或悲觀痛苦到底能給你帶來什麼好處？然後，你就可以認真地分析導致這些消極情感的各種思想。

人與人之間其實只存在著一種很小的差異——心態的積極與消極，但就是這種很小的差異往往造成了人與人之間的天壤之別——有的人非常幸福，而有的人終生不幸。

期望獲得幸福者會採取積極的心態，這樣幸福就會被吸引到他們身邊。而那些態度消極的人不僅不會吸引幸福，相反的還排斥幸福，當幸福悄然降臨到他們身邊時，他們可能毫無覺察，或者失之交臂。

從一早就培養出好情緒

培養好的情緒，只需一秒鐘之間的念頭轉換：「我要今天很快樂。」

早晨情緒的好壞，可以影響一整天的情緒。

心理學家發現，只要你熱心地行動，你就會變得熱心，你會變得充滿活力、興奮並具有更高的效率。熱心會變成生活的一種方式，並且一個人只對一件事情熱心是很難做到的。你會發現當你熱心時，會得到很多樂趣，還有更大的成就，同時你的經濟情況也會令人滿意。

如果你想培養熱心與正確的心理態度，就需要改變起床的方式。許多人每天開始時，就把它當成是昨天的繼續，其實他們並不喜歡昨天。但用這種方式開始新的一天，毫無疑問地，會使不好的一天緊接著另一個不好的一天。但是有一種更好的方法，會產生更好的結果。

快樂使人更有價值

早上鬧鐘響時，伸手把它關掉，然後立刻坐起來，雙手拍掌，並且說：「這是美好的一天，我要儘量多利用這個世界所提供的各種機會。」

既然你已經起床，要去淋浴了，如果沒有小孩在睡覺的話，你還可以在浴室中高歌一曲。你不必藉口說：「我不會唱歌。」你唱的聲調與才能並不重要，重要的是「唱歌」這件事——唱到興頭時便不會消極。

威廉．詹姆斯說：「我們不唱歌是因為我們不快樂。我們快樂是因為我們唱歌。」

你還能做到另一步，當你進入餐廳等早餐時，說：「親愛的，妳做的煎蛋，正是我希望妳準備的早餐。」即使你在過去三百六十五天每天都吃同樣的早餐，最重要的是，妻子會十分驚奇地看著你。而驚奇本身很有價值。即使早餐並不真的那麼好，她也會在明天做得更好。當你快樂地起床，快樂地吃早餐時，你在這美好的一天裡將會大有作為。「一天」只是一生的一小部分，但是你只要有許多美好的日子，你就有一個美好的生命。這也會使你的家人和朋友獲益，因為快樂比感冒更容易傳染。一旦有了它，就會散佈給你的家人與同事，而每個人都會因此受益。

你可以選擇這樣愛自己

PART 4

生活的調味料

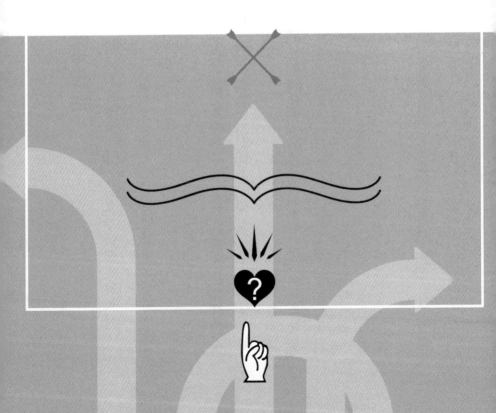

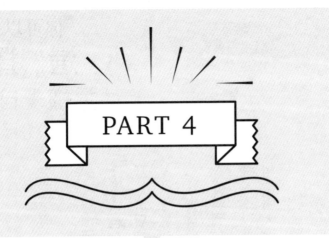

培養興趣，豐富生活

興趣一旦養成，將是一輩子的朋友與依賴。

一、欣賞大自然

大自然以其自然的生命氣息親近著每一個人的心靈，它開闊的視野、清新的空氣不僅增進人體的健康，還能洗滌人們心靈上的塵埃，給人以智慧的啟迪，性情的陶冶。

大自然是我們生活中的一種調節劑。當生活節奏緊張時，它使我們神經得到放鬆；當在工作上受到打擊的時，它有平衡心靈的作用。大自然教會人要微笑著生活，一切都要向前看，因為還有希望、還有機會，相信明天比今天更好。

二、熱愛藝術

馬克思說：「一個人既不喜歡文藝，又不喜歡體育，那麼他的生活將是枯燥乏味的。」這說明藝術作為人的一種高級精神需要，是生活中不可缺少的內容。藝術活動可以消除疲勞，增進健康。現實生活證明，許多熱愛藝術的人之所以快樂是因為他們學會了欣賞生活。

三、文學欣賞與創作

文學作品是藝術化的人生舞臺，上演著一幕幕人間的悲喜劇。無論是作為一個旁觀者去欣賞它，還是作為一個作家或導演去創作它，都可以使我們加深對生活的觀察理解，不只是從中體會人生的智慧，也會促進我們心智的開發。

四、在音樂中尋找快樂與健康

音樂是一種富有情緒色彩的語言，具有強烈的感染作用，透過樂曲的旋律、節奏，使人的情感起伏跌宕，進而提高了大腦的興奮性，促進其功能的發展。

愛因斯坦每當在研究和實驗中遇到困難時，他就拉起提琴，原來困惑不解的疑團，常常在甜美悠揚的樂曲聲中豁然開釋。

其他各種藝術活動如：欣賞和創作書畫，不僅會得到創作的滿足還會獲得美的享受。電影與電視，作為一種綜合性的藝術，也能幫助人們挖掘更深層的生活內涵增加生活的閱歷。此外，下棋、書法、集郵等，都能豐富生活，這些積極健康的興趣和愛好，能消除空虛與孤獨等不良心理狀態。

在消極中尋找積極

別讓消極的情緒成為兇手，扼殺你邁向成功。

在現實生活中，很難避免遇到失敗、困難和挫折的。一旦遇上了，從心理的角度而言，絕大多數人就會感覺到沮喪和消極，這種消極的情緒對成功是一種極其有害的影響。要如何學會積極起來，最重要的就是「從消極之中去尋找積極，讓我們自信與快樂起來。」

從消極中尋找積極，重要的方法，是你自身應當積極起來，而不是試圖從周圍或者別人身上去尋找。

下面是一些從消極中尋找積極的重要方法：

一、積極讓生活有改變

墨守陳規和抵制變革是人類的天性，但你必須教會自己嘗試新途徑。在未學到新東西前不要浪費任何一天。

成功的生活，是一種不停的冒險。事實上就是這樣，如果你能找到一種方法，使每天都冒險（這種冒險，可以是你決定改變一種以前沒做過的一件小事而已），你會發現你的生活變得更豐富和更有情趣。你也會對其他東西更有興趣，進而使你更加積極的面對生活。

二、讚美別人的優點

相信我們大家身上都蓄積著信心，但它往往被掩沒和未善加利用而已。當然要拿出信心是需要訓練的，這種訓練的方法是和其他人交談，在交談中注意對方，樹立自我信心。每個人都有信心，如果你找出它的話，你就會真正地表達友誼、愛和快樂——這三者能幫助你成為一個成功的人。

在社交場合遇到某人，從他身上你找不到任何值得談論的話題時，那你最好保持沉默。但如果你能找到值得談論的好方面，那就不要保持沉默了。例如，如果有人有一雙非凡明亮的眼睛，這雙眼睛使四壁生輝，那你就稱讚他的這雙眼睛。如果他有一副柔和悅耳的嗓音，那你就告訴他，聽他說話是多麼令人愉快。無論你發現別人有值得讚美的事物時，你都要讓他知道。

三、努力避免流言

流言是一種壞習慣。那些在消極中尋找積極的爭取成功的人，應避免這種壞習慣。多數流言是不利的小道消息，它常常充滿誇張和謊言。希望在事業上成功的人、希望受人尊敬和歡迎的人應努力避免流言。

○× 培養樂觀進取的精神

生活是一道二擇一的選擇題，每天醒來，你可以選擇快樂或悲傷。當你知道天堂的路時，千萬別捨近求遠走錯路，反而進了地獄深淵。

如何培養自己有樂觀進取的精神，你可以試試以下方法：

一、幫助別人

世界著名的精神醫學家阿爾弗雷德．阿德勒，他曾經發表過一篇令人驚奇的研究報告。他常對那些孤獨者和憂鬱病患者說：「只要你按照我這個處方去做，十天內你的孤獨憂鬱症一定可以痊癒。這個處方是——每天都想一想，怎樣才能使別人快樂？」

有一個五十歲的女人，丈夫去世不久，兒子又墜機身亡，她被悲傷和自憐的感情所包圍，久而久之得了憂鬱症，甚至產生了自殺的念頭。

好心的鄰居帶她去找阿德勒，阿德勒問清病情後勸她去做些能使別人快樂的事。

五十歲的她能做些什麼呢？她過去喜歡養花，自從丈夫和兒子去世後，花園都荒蕪了。她聽了阿德勒的勸告後，開始整修花園，施肥灌水，撒下種籽，很快就開出鮮豔的花朵。

她每隔幾天將親手栽培的鮮花送給附近醫院裡的病人。她給醫院裡的病人送去了溫馨，換來了一聲聲的「謝謝您」！這一句美好的「謝謝您！」輕柔地流入她的心田，治癒了她的憂鬱症。她還經常收到病癒者寄來的賀年卡、感謝信，這些卡和信幫助她消除了孤獨感，使她重新獲得人生的喜悅。

在漫漫的人生道路上，你如果覺得自己孤寂，或者覺得道路艱險，那你就照著阿德勒的話去做。每天都想一想，「怎樣才能使別人快樂？」這樣一來，快樂自然就會來到你的身邊。

二、經常聽愉快、鼓舞人的音樂

看看與你的職業及家庭生活有關的當地新聞。不要向誘惑屈服，而浪費時間去閱讀別人悲慘的詳細新聞。在開車或上班途中，聽聽電臺的音樂。如果可能的話，和一位積極心態者共進早餐或午餐。晚上不要坐在電視機前，要把時間用來和你所愛的人談談天。

三、改變習慣用語

✔不要說「我真累壞了」，而要說「忙了一天，現在心情真輕鬆」。

✔不要說「他們怎麼不想想辦法？」而要說「我知道我可以怎麼辦。」

✔不要在團體中抱怨不休，而要試著去讚揚團體中的某個人。

✔不要說「為什麼偏偏找上我，上帝？」而要說「上帝，考驗我吧！」

✔不要說「這個世界亂七八糟」，而要說「我要先把自己弄好」。

要擁有樂觀進取的心是很簡單的，只要你用對方法並保持樂觀，你會發現你的世界改變了。

快樂的去面對困境

困境既然已經發生了，當務之急，是讓困境消失。

一位名聞遐邇的老人被電視臺節目主持人作為特約嘉賓邀請來參加活動。他確實是一個非常傑出的老人。他講話完全沒有經過特別的準備，更沒有經過任何排練。這些講話與他的個性是完全一致的，他精神飽滿，容光煥發，充滿快樂。

無論他想說什麼，他都毫不掩飾，而且思維敏捷。他的機智幽默，讓聽眾捧腹大笑。大家都非常喜愛他。這次節目，他給人深刻印象，他也和其他人一樣感到特別的興奮。

最後，節目主持人問這位老人為什麼總是這樣高興：「你一定有什麼特別的祕密讓自己快樂。」

「不，沒有，」老人回答說，「我沒有什麼特別的祕密。每天早上起床的時候，我有兩種可能的選擇：要麼高興，要麼不高興，你想我會選擇什麼呢？當然，我會選擇快樂，這就是全部的祕密所在。」

這是世界上最容易做到的事情，只要你想不開心，就只要選擇不開心就可以了。你可以告訴自己什麼事情都不順利，沒有什麼事情可以讓自己滿意，那麼，你肯定就開心不起來。但是，如果你對自己說：「事情進展良好，生活也不錯，所以，我選擇開心。」那麼，你肯定就會快樂。和成年人相比，在做一個快樂的個體方面，小孩們更在行。能夠把小孩的這種精神帶到中年或老年的人，可以說就是一個天才。因為他把上帝只給予小孩子的快樂精神保留了下來，直至成年生活中。

心理學家曾經要求一群孩子把他們最快樂的事情列舉出來。他們的答案都是有血有肉、可感可摸的。男孩子們的答案是：看一隻飛翔的燕子，看清澈的水面，看船舷激起的水花，看飛馳的列車，看小狗的眼睛等。而讓女孩子快樂的事情是：映在水面上的燈光，掩映在樹叢中的紅屋頂，冉冉升起的炊煙，紅色的天鵝絨，雲中露出的月光等。

孩子們的這些表述雖然不是十分的清楚明白，但是它表明整個宇宙還是有一個共同的美的本質。要想成為一個快樂的人，就必須有一顆晶瑩剔透的心，就必須有一雙能從普通的事物中看到不同尋常東西的慧眼，就必須有一顆孩子般的心，純樸自然。

遺憾的是，我們有許多人喜歡自己給自己製造不快樂。當然，並不是所有的不愉快都是自己創造的。我們許多的悲哀都是由社會條件決定的。然而，在很大程度上，我們生活中快樂與否，依然是由我們的思想和態度決定的。

「人們本來是可以生活得更快活一些的，但是五個人中有四個放棄了本應有的快樂，」林肯說，「不快樂是人們心境的普遍狀況。」

快樂與否，在很大程度上取決於我們的心靈所養成的習慣。培養歡樂的心境，也就是養成快樂的習慣，生活就會變成持續不斷的盛筵。也就是說，你能享受生活的每一天。

快樂的習慣，結出的碩果就是：一生的快樂，一生的幸福。而且，因為我們能夠養成一種習慣，因此我們完全有能力創造幸福。

只要經常想一些快樂的事情，就能養成快樂的習慣。用快樂的思想充實自己的精神，而且，每天讓它們在心裡重覆幾次。如果一種不快樂的想法進入你的心裡，你應立即停止，有意識地把它驅逐出去，取而代之快樂的思想。每天早晨在你起床之前，全身放鬆，去想些令人愉快的事情。

貓追尾巴的快樂

把握「當下」的現在，如果「現在」無法滿足你，你就該重新規劃「現在」的生活。

賽莉福斯夫人決定到森林中去享受自然風光，好好享受她「現在」的時光。但是，到森林以後，她卻讓自己的思想漫遊到她在家時應當做的那些事情上……她在想，小孩、日常用品、住房、支票，每件事情是否都安排妥當了。

在剩下的時間裡，她的思緒則飛到她走出森林後將必須做的那些事情上，而美好的「現在」就這麼過去了，「現在」就這樣被「過去的事情」和「將來的事情」給全部佔據了，在那種自然風光下，本來是享受現在幸福快樂時光的寶貴機會就這樣失去了。

桑迪蘇爾夫人為了輕鬆一下，自己去了個小島想要放鬆心情。她整個假期都在島上曬太陽，不過，她不是為了享受溫暖的陽光照射在她身上的那種十分愜意的感覺，而是為了等待她那些留守家中的朋友，在看到她回家後的健康的膚色後會對她說的一些恭維的話語。她的心用在將來的時刻，而當將來的時刻來臨時，她又對不能回到海岸曬太陽有所放鬆而惋惜不已。

如果你使自己專心致志於你的「現在」，專心致志於你總是逃避、忽視並讓它白白流逝的時光，那麼，你現在的這種體驗必定極其美好。珍惜你的每一時刻，過去了的就讓它過去，也不要老是幻想將來，把現在緊抓在手中的時間，作為你惟一的所有。記住，憧憬、希望和後悔是忽視現在的最普通、最有效的「方法」。

一味逃避現在，將導致你對將來過於理想化。你也許會認為，在將來的某一個美妙時刻，你的生活將會得到改觀，你的每一件事都安排得井井有條，你將找到幸福的感覺。當你面臨這一特殊時刻時——也許是畢業典禮，也許是洞房花燭夜，也許是你的孩子出生時，也許是你晉升、春風得意時，你的生活將真的開始了。但當這樣的時刻真的來臨時，往往很令人失望。這種時刻絕不會像你想像的那樣美妙。

當然，一件事情不合你的心意時，你能透過再一次理想化而避免沮喪、氣餒。不要讓這種惡性循環變成你的生活模式。

透過思考「目前的某一重大成就」的這一方式，可以避免你去想那些不合你的意的事件。

只要我們想一想，我們就知道，除「現在」之外，沒有我們能把握的其他時刻。「現在」便是一切，將來只有當其來臨時，才能成為你把握的另一個時刻。聰明的人應該把「現在」緊抓在手。

下次如果你仍然在「是否該自己把握住」等這些你自己的問題上猶豫不決，你不妨問自己這樣一個十分重要的問題：「我還能活多久？」一有了這一永恆的洞察力，你現在便可以獨自做出選擇，你便可以擺脫困擾你的擔憂、恐懼和你是否負責得起的問題。

如果你不開始採取這樣的行動，那麼，你肯定會過著你不喜歡的生活。既然你在世上的生命是如此短暫，你為何不過至少你滿意的那種生活呢？簡言之，生活是你的生活，做你想做的事情。

應當每天都生活幸福、富有成效，應當是每天的每一時刻都生活幸福。如果你幸福快樂，如果你生活的每一時刻都有價值，那麼，你便是一個睿智之人。

幸福是人生的智慧和選擇

想要幸福，那麼我現在的所作所為，都必需是要能讓我將來幸福。

人人都希望自己的生活幸福。在現代社會，在生活的基本需求能夠得到滿足的前提下，我們每個人都可以做到生活幸福。可是實際上，許多人卻難以如願，總覺得自己很不幸。這是為什麼呢？心理學家以為，一個人幸福不幸福，不是由別人決定的，而是由自己決定的。

生命如此短暫，你的生命是屬於你的。你可以捫心自問：

✔我對幸福是怎樣理解的呢？
✔我想過一種什麼樣的生活呢？
✔我應該按照別人的意願去度過自己的一生嗎？
✔追求物質享受是那麼重要嗎？

✔拖延時間、貪圖安逸是一種正確的生活方式嗎？

✔我想付出什麼、又想得到什麼呢？

對以上這些問題的回答決定了你的生活，而你應該根據自己的願望去生活。你能按照自己的決定和選擇去生活，也就能獲得幸福。

生活要幸福，首先要在基本需要上得到滿足，簡單地說，就是得到溫飽。饑寒交迫的感覺不可能是幸福。然而，物質生活的滿足應當是適度的，並不是貪婪的享用，無度的揮霍。一個流浪漢吃到一塊麵包，就是幸福；一個口渴的人喝了一杯白開水，就是幸福。所以說，幸福是一種需求得到滿足的自我感覺。

人的需求和欲望並不受自然需求的侷限，許多人儘管擁有使他們幸福的東西，然而並不幸福。這是為什麼呢？有兩種情況：一是欲望過度，需求過高，而且不是適度的；二是只有物質生活的滿足還不夠，還需要精神生活的滿足。

人的欲望要適度，當然是指不能過高，也不必過低。應該保持在什麼程度上才算適度呢？這取決於一個人的處境和他的思想文化水平，也就是取決於他的實際環境與條件和他的選擇意識、價值觀念。恰如其分地評價自己所認為的有益的事物，這是人生的智慧和選擇。

一個人善於看到自己擁有的東西的價值，對於從中得到樂趣以及欲望的適度，是很重要的。那些能夠透過事物平凡的外表而看出美妙內涵的人，是絕不會對生活感到厭倦的。因為幸福就存在於你發現它的地方。

你發現自己的花園美妙，你就不會因為不能到國外去旅遊觀光而感到不幸福；你覺得自己的學習和工作有樂趣，你就不會因為不能出名或登上高位而自慚形穢，這就是欲望的適度。

在生存需要的物質生活得到基本滿足的前提下，人感到幸福與否就取決於他的精神生活和心理態度。我們說，生活幸福是每個人都力所能及的，是由自己決定的，其道理就在於此。

幸福的人比所謂不幸的人，並不一定擁有更多的金錢、財產、頭銜和權力，但必須擁有更廣闊、更深厚、更細膩的心靈體驗，擁有充足的精神財富。這樣的財富即免稅又保值，難以估價。這種保障生活幸福的無形的財富就是積極的心理態度！人們有各種各樣的生存意識和生活方式，生命的個體在本質上沒有高低貴賤之分。然而多少人在走過漫長的人生之路、行將就木時，所缺少的只是一種充實而愉快的感覺。

對我們來說，生活之不幸，也不是因為缺吃少穿，而是由於觀念、規矩阻礙著我們瀟脫自如地選擇人生、改善人生。

我們每個人的生活和工作都面臨著一些難題，而且往往大同小異。意見分歧、委曲求全、失戀失望、工作困難、家庭不和、待遇偏低、疾病事故等等，這些問題幾乎每個人都要遇到。但在這些難題面前，有些人能夠經受住考驗，不使自己灰心喪氣；可是另外有些人卻會一蹶不振，甚至精神崩潰。

由此可見，一個人如果認為這些不如意的問題不過是生活的一部分，並且不以這些問題的存在與否作為衡量幸福的標準，那麼他便是最聰明的，也是最幸福和自由的人。

幽默具有神奇的魅力

學習幽默可以使危機化為轉機，更可以讓人一切順心。

在一項對英國婦女的調查中，有一項是：「妳理想的男人應該具備什麼？」大多數婦女的答案，不是金錢、名譽、地位，也不是相貌，而是幽默和智慧，可見幽默被放在了舉足輕重的地位。

對於「幽默」這個詞，我們也許並不陌生，然而，究竟什麼是「幽默」呢？心理學家認為：幽默是人的個性、興趣、能力、意志的一種綜合表現，它是語言的調味料。

有了幽默，什麼話都可以讓人覺得醇香撲鼻，雋永甜美。它是引力強大的磁鐵。有了幽默，便可以把一顆顆散亂的心吸入它的磁場，讓每個人的臉上綻開歡樂的笑容。它是智慧的火花，可以說，幽默與智慧是天然的孿生兒，是知識與靈感勃發的光輝。

富有幽默感的人往往是一個奮力進取者。幽默也能展示人的一種樂觀豁達的品格。幽默，實在具有神奇的魅力：可以使愁眉者笑顏逐開，可以使淚水盈眶的人破涕為笑；可以為懶惰者帶來活力，可以為勤奮者驅散疲憊；可以為孤僻者增添情趣，可以使歡樂者更愉悅。

不少名人善於運用幽默的語言行為來處理各種關係，化解矛盾，制止不文明的行為，消除敵對情緒。他們把幽默作為一種無形的保護閥，使自己免受緊張、不安、恐懼、煩惱的侵害。

林肯是美國歷屆總統中最富有幽默感的人，被人稱為一代幽默大師。

有一天，林肯正要上床休息，有人打電話來請示他：「稅務主任剛剛去世，能否讓我來接替稅務主任的職務？」

林肯當即回答說：「如果殯儀館同意的話，我個人不反對。」巧妙地拒絕了對方。

又有一次，林肯在演講時，有人遞給他一張紙條，上面只寫了兩個字：「笨蛋。」

林肯舉著這張紙條鎮靜地說：「我收到過許多匿名信，全都是只有正文，不見署名，而剛才那位先生正好相反，他只署上了自己的名字，而忘了寫內容。」

幽默是一個人能以意味深長、富有智慧的形式，輕鬆巧妙地揭露出事物的內在矛盾，造成出人意料的喜劇情趣。

幽默常運用機智、風趣的言行引人發笑，讓人在微笑中進行聯想和推斷，進而領悟其中的趣味。幽默是一種優秀的、健康的個性品質，是人類最可貴的才能。

幽默有以下的作用：

一、幽默有助於身心健康

幽默是笑的源泉。笑是一種情緒反應。古人云：「喜則氣和，憂則氣耗，怒則氣逆，悲則氣結」的說法。

事實確是如此，笑比哭好，笑的生理和心理功能都有助於身體健康。經常微笑的人可以保持寧靜舒暢的心境，減少喜怒無常的狀態，可以保持心理活動的協調性。在生理上，笑還可以活動面部肌肉，調節血壓，解除疲勞，改善呼吸，擴大肺活量，增進食欲。

二、幽默是解決問題的金鑰匙

現實生活中常常不乏令人碰得頭破血流仍然得不到解決的問題，但是如果適時來點幽默，問題卻往往會迎刃而解。使同事之間、夫妻之間化干戈為玉帛。

三、幽默顯示自信，增強成功的信心

信心有時也許比能力更重要。生活的艱難曲折極易使人喪失自信，放棄目標。若以幽默對待挫折卻往往能夠重新鼓起未來希望的風帆。

愛迪生研製燈炮時，為尋找一種合適的燈絲材料做了一萬次試驗，都沒有取得滿意的結果。這時有人嘲笑他：「你已經失敗了一萬次。」愛迪生反駁道：「不。我是證明了一萬種材料不適合做燈絲。」

四、幽默是人際交往的潤滑劑

善於理解幽默的人，容易喜歡別人；善於表達幽默的人，容易被他人喜歡。幽默的人易與人保持和睦的關係。

兩個胖子初次見面，一人說：「我已勵行節食六個月，可是惟一消瘦的只有頭髮。」

另一人則說：「我覺得自己既然無法有縱向發展，能橫向發展也不錯。」

○×幽默調味料

何必嚴肅過生活？每天至少找個機會，讓自己放聲大笑。

「幽默」是一門學問，是科學，並不僅僅是引人發笑，引人發笑並不都是幽默。它需要具備一些素質和特徵。幽默的前提是諧趣，必然有滑稽的因素，我們能認識到的一切似乎是一種突然的頓悟，是一種愉快感和包含笑的行為的具體感受。

幽默的智慧能將現實生活的豐富經驗、敏銳的洞察力、廣闊的知識融合起來，揭示出現實生活中的特殊矛盾，從中發掘喜劇情趣，創造出崇高的幽默。

幽默的標誌是高尚。有些自以為幽默的人常將別人作為笑料，以求嘩眾取寵，結果往往適得其反，真正的幽默是尊重人、讚美人，將嚴肅的人生哲理寓於滑稽與微笑之中，即使是貶抑偽惡，其實質是褒揚真善，幽默的高尚正表現在其中。

幽默的價值是審美。美感是人們欣賞審美的物品時產生的怡情悅性的情感體驗。幽默的美感反映在嬉笑戲謔中帶給人輕鬆愉悅的感受，反映在靈活的言行啟迪人的智慧。美感使得幽默永遠保持雋永迷人的魅力。

那麼，怎樣培養幽默感和幽默表達能力呢？

一、幽默理解能力的培養

一個幽默的人首先是能理解幽默，即透過視覺和聽覺感知理解。視覺幽默包括具有喜劇趣味的造型藝術（如雕塑、漫畫、攝影等）、詼諧的行為姿勢、書面幽默語言藝術。只要留心觀察，生活中可笑現象和滑稽現象隨處可見。

關鍵在於我們是否善於將喜劇情趣加之於這些事物，獲得「先睹為快」的意趣。相聲、笑話、小品等給人以快感和啟迪，主要透過聽覺幽默理解。它注重語言的韻律和樂聲的幽默組合，讓人隨著聲音的聽覺刺激，造成出人意料之外，又在情理之中的幽默效果。

二、幽默表達能力的培養

「幽默表達能力」是人們借助一定的幽默形式創造幽默效果的能力。表達幽默的形式很多，諸如透過漫畫、諺語、文學、笑話、相聲、喜劇、音樂等都可表達幽默。其中特別重要的是努力提高「言語幽默」的技巧，語言是我們用以表達思想感情，與人交換心得的主要工具。

要培養和提高幽默心理能力，還要注意以下幾點：

仔細觀察生活——觀察生活，尋找喜劇素材，需要我們善於變換不同的觀察角度，去發掘和表現這些素材。

充實知識經驗——說話輕浮不嚴肅者，即使偶有令人發笑之事，充其量只能視為油腔滑調。

學習幽默技巧——幽默不是天生就會的，是後天學習掌握的。許多關於幽默的書籍和先人的經驗，都為我們提供了不少範例，值得我們廣泛涉獵。

敢於表達——幽默能力只有在表達幽默的過程中才能實現，因而積極實踐至為重要。選擇適當的場合，針對適當的事物，都可顯示自己學習的幽默技巧。但是，必須注意的是，無論什麼時候，切忌將諷刺等同於幽默。「雅俗共賞，中而不傷」的幽默效果才是幽默的本質。

三、增強幽默感

如果感到自己正缺乏幽默，可以培養這種特質。人們不能夠顯示幽默或僅僅有一點幽默的原因有兩個方面：第一，大多數時間裡，人們不欣賞幽默。其他人認為非常有趣的事情，這些人往往持相反觀點。第二，當某些事情看起來對他人非常有趣的時候，這些人可能沒有什麼反應。

當別人大笑的時候，這個人可能只擠出一絲微笑。這樣的人實際上可能喜歡有趣的笑話或情形，但是卻不願意表現出這種心情。如果你屬於上述兩種情形或其中的一種，立刻改掉。

如果你沒有看到其他人表現出來的幽默，你需要提高自己的幽默能力。這並不是意味著當其他人大笑的時候，你也隨著附和。當你沒有感到幽默的時候，不要欺騙自己。欺騙自己只會讓別人覺的你很愚蠢。

下面的建議，可以增強你的幽默感：

在困難或錯誤當中努力尋找幽默的因素——例如，如果你為自己緊張的音調或結結巴巴而非常尷尬的時候，可以嘲笑自己的這種狼狽相。你的笑聲會引起其他人的同情，他們會給你機會再努力一次。要認識到，有些時候每個人都會說出與事先計畫不一樣的內容。

當你不理解某個笑話的時候，可以向朋友請教——承認自己沒有看出妙語或理解幽默並不是什麼錯事。例如，你閱讀加里拉爾森的「遙遠」卡通片，你可能不理解其中的幽默，這是因為你沒有足夠的科學知識來理解它。

養成看電視喜劇的習慣——與其他人討論其中有趣的內容。這些會幫助你增加對幽默的敏感。

當別人大笑的時候，而你卻沒有這樣，那麼就應該努力增強對幽默的反應。簡單來說，讓自己能夠更自然地表達出情感。首先，當你通常微笑或偷笑的時候，如果讓你大聲地笑出來，也許會非常不舒服。記住，大聲笑是一種釋放情感的好方法。有少許這樣的經歷，你就能夠真正放鬆下來，並可以向其他人表明，你同樣具有對幽默的感受。

當努力增強幽默感受的時候，記住，笑話是自然而然的，在任何情況下，取笑或貶低別人都不是一種好的品質——特別是在工作環境中。

馬克思·貝爾伯姆說一句名言：「當你思考這個問題時，也許會感到非常奇怪。因為這個星球上，在我們這些人出生之前，就已經有不計其數的人。不過在歷史上或神話中沒有人因為大笑而死去。」

○×帶著幽默去旅行

愁眉苦臉不能解決問題，然而充滿喜樂的一張臉，則會為你帶來希望。

快樂人生中有一條守則，就是如何運用智慧的幽默。這樣開玩笑就不易傷害別人的心，使他和自己的生活時時刻刻地充滿了風趣和快樂。那麼，這樣的人，便是一個令人快樂的成功交際家。

有些人經常抱怨自己學了開玩笑的技巧後，卻往往弄巧成拙，將玩笑開得太過分，傷害到親人和朋友的心。玩笑開得過分，的確會傷害朋友的心，因此，玩笑過分和玩笑禁忌千萬要掌握。

在卡耐基浪跡曼哈頓的時候，迫於生計，他不得不加入一個戲團工作。在戲團工作當然需要進行戲劇排練。

有一天，他邀請一名叫麗絲的女生到憂鬱小室裡做客。他讓麗絲坐在椅子上，自己換了一件深色西裝，突然將雙手在空中緊握，叫道：「麗絲，麗絲，我只愛妳一人，麗絲，我要緊緊擁抱妳而死去。」

憂鬱小室中其餘幾個同學都目瞪口呆，以為卡耐基發瘋了。

儘管麗絲明白卡耐基是在演戲，但在眾目睽睽之下，還是覺得很窘迫，所以想站起來馬上離開。

這時卡耐基走到麗絲跟前，「撲通」一聲跪了下去繼續叫道：「麗絲，噢，麗絲，我就是愛妳。我要像羅密歐和茱麗葉一樣擁抱妳而死！」

麗絲這時似乎也進入了角色，她將頭緩緩低下，深情地注視著卡耐基。這時掌聲四起，卡耐基才站起來宣佈這是一次意外的戲劇排練，相當成功，同學們圍繞著他倆大聲歡呼，慶祝他們的成功。但也因為這次的玩笑給卡耐基帶來了一次麻煩。

可能是因為表演過於投入，或也可能是憂鬱小室同學們的渲染，在戲團裡傳開了這個不應該有，卻似乎合理存在的緋聞誤會。

麗絲的男友氣勢洶洶地來找他，似乎想逼迫卡耐基讓步。卡耐基原先有點丈二金剛摸不著腦袋，明白之後立刻向麗絲男友解釋道，那是一場誤會，完全是一場誤會。麗絲的男友本來不大相信，但卡耐基的微笑使他的氣消了不少。

卡耐基繼續說道：「我只不過想開一個玩笑，沒想到這個玩笑開得太大了，真讓人出乎意料。」從此，卡耐基意識到，在社交場合中，「開玩笑」是為了活躍氣氛。顯示出你智慧的幽默，但事情往往有兩方面，有其利處也有弊處，玩笑過了分，樂極生悲，搞得大家不歡而散，那就不是成功的交際了。

那麼如何恰到好處地運用智慧的幽默呢？

一、先確定對方的個性

一般說來，朋友類型可分三種，一種是機智狡猾型，另一種是大智若愚型，還有一種是介於二者之間。開第一種人玩笑時，這種人不會讓你占任何便宜，會進行反攻，使你無法得逞；開第二種人玩笑時，他會顯得若無其事，與大家一起歡笑，或者裝傻，似乎不懂得此事。

這兩種人的玩笑都可以開。最擔心的是第三種類型的朋友。這種人被人笑過之後很容易惱羞成怒，搞得大家不歡而散。

所以，開朋友的玩笑必須事先瞭解朋友是屬於哪種類型的人，如此一來，開起玩笑來，既無傷大雅，又熱鬧滿室。

二、不要把快樂建築在別人的痛苦上

開玩笑時，不應取笑他人的生理缺陷，例如駝背，跛足，麻子臉等等。也不要笑別人考試不過關，做生意倒了，或別人衣衫襤褸。對於這些東西，你應該顯示你仁厚的同情心，去安慰、鼓勵他們，讓他們覺得你是個有情有義的人，他們會對你產生信任及尊敬。

所以，你不能以「犧牲」他人來「製造」玩笑和幽默。最劣質的玩笑莫過於當著一大群人拿其中一個人作「靶」來取笑。即使你能贏來一時的哄堂大笑，那位為你的幽默而「獻身」的同伴卻可能無法原諒你。

同時，也不能拿不在場的人當幽默「原料」。就算所有的在座者都熱烈參與了你發起的玩笑，也無法保證你的「出賣別人的行徑」不傳到那一位朋友的耳中。

而如果拿一般人的禁忌話題再來「幽上一默」，這就無異於是「自殺」的舉動了，若是想重創對方或為自己樹敵，這種方式具有百分之百的成功率。

三、不開下流低級的玩笑

對著陌生人的面，或對著有女性在的場所大談特談低級而又下流的玩笑，人們不僅不認為你是個交際高手，反而會認為你太輕薄了。

如果你能夠恰如其分地把你的聰明機智運用到智慧的幽默中來，使別人和自己都享受快樂，那麼，你就得到更多喜歡你、欽佩你的人，獲得支援和關心你的朋友。這對你實現自己的目標，逐漸步入成功者的行列會非常有幫助。

PART 5

精力旺盛，出類拔萃

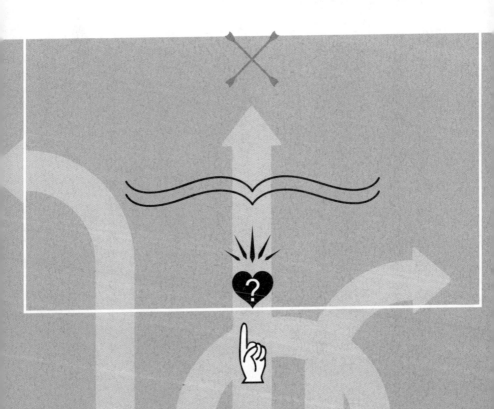

○× 失敗的疲勞轟炸

不管怎樣的事情，都請安靜而愉快吧！這是人生。我們要依樣地接受人生，勇敢地、大膽地，而且永遠地微笑著。

我們會經歷「精神疲勞」，主要有兩種情況：「開始時的疲勞」和「工作中的疲勞」。

「開始時的疲勞」，是由於人們感到自己從事的工作乏味或太困難，因而一拖再拖，最後造成心理上的厭煩和疲乏。顯然這種疲勞不是指體力上的疲勞。補救的方法一般人雖不易做到，卻也是擺明著很簡單的：那就是用意志力去克服。

阿德勒在編輯《西方巨著薈萃》時，要對其中的一百多篇文章逐一進行評論。他一個星期工作七天，花了二年半的時間才寫完。如果他容許自己先寫觀點最容易闡述的文章，也許就永遠也寫不完了。按照自我要求的規則，阿德勒決意嚴格地照字母的順序寫，從不讓自己跳過一個棘手的觀點，而且在一天的工作中總是先著手最難寫的文章。經驗再次證明，這一個自我要求規則是有效的。

而「工作中的疲乏」更難對付。它同樣不是指體力上的疲勞，而是指人們在工作遇到困難時隨之加重的思想負擔。在這種情況下，只有盡自己的最大努力繼續工作——直到能下意識地一直維持下去。

阿德勒在擬編第十五版《大英百科全書》時，要作一個按字母順序排列文章的專題目錄。此事以前從未做過，日復一日，他列出了一個又一個的方案，但始終無法令人滿意。為此，他疲勞得幾乎沒辦法繼續下去。最後，他覺得智窮力竭，就把無法解決這個問題的原因全都寫在紙上，設法使自己相信：不能解決的問題實際上也是無法解決的；癥結在於問題本身，而不在於自己。借此自我安慰，阿德勒便坐在搖椅上睡著了。不久，他從夢中醒來，思想突然豁然開朗，有了解決問題的辦法。在之後的幾個星期裡，他無意識中想到的辦法終於一步一步被證實是正確的。雖然他同以前一樣努力工作，但沒有一點厭倦和困乏之感。恰似「失敗使人沮喪」般，「成功令人無比振奮」。阿德勒體驗到了當今心理學家們稱之為「才華橫溢」的樂趣。

人生中幾乎沒有比成功地發揮自己的才幹更振奮人心的樂事了，它能使人精神煥發，不停的工作。在實際工作中，我們可以把原因不明的、非體力方面的疲勞作為一種警報的系統，探究產生疲勞的根源，找出我們正在掩飾而不敢承認的失敗，並診斷失敗的原因。

在有些情況下，可能是我們所從事的工作實在太難了，我們對此茫然而不知所措。倘若如此，我們可以承認事實。在大多數情況下，只要我們耐心對待眼前的工作，下最大的決心，施展所有的本領，加上隨之而來的無意識的幫助，那麼，問題便可得到解決。

把精神疲勞當作體力疲勞，這是我們可能犯的最糟糕的錯誤。我們身體疲勞時，只要讓它有機會休息一下即能恢復；而精神疲勞卻不是靠讓它休息一下就能輕易消除的。不管什麼樣的絆腳石，都應在失敗引起的疲倦向我們襲來之前盡快清除。

是什麼使你疲倦

如果兩個人對於彼此的小缺點無法相互原諒，那兩人的友誼便無法持久。

一位打字小姐艾莉絲的故事，顯示出人對於「疲勞」的極端反應，頗是耐人尋味。

這天晚上，艾莉絲回到家裡時已經精疲力盡了，頭痛、背痛、疲倦得連飯也不想吃就只想上床睡覺。母親再三催促，她才勉強坐到餐桌前。正在這時，電話鈴響了。是她的男朋友打來的，約她出去跳舞。她的眼睛突然亮了，精神頓時振奮起來。她衝上樓去，換上那套心愛的藍色短裙，一陣風似地衝出了家門。

她一直跳舞直到半夜才回來，此時不但不再感到疲倦，當晚甚至興奮得不想睡覺了。

真是不可思議：半小時前她是那麼疲憊不堪；半小時後又是這般精神煥發。她真的是那麼疲勞嗎？是的。但這不是由於工作的勞累，而是由於「對工作的厭煩」。

艾莉絲的故事明白地告訴我們：心理因素的影響，往往比肉體勞動更容易產生疲勞。

一個人感覺厭煩的時候，身體的新陳代謝作用就會降低，而一旦當他對面臨的事情發生了興趣，他的新陳代謝的作用又會立刻加速。這時使他感到的是興奮，而不是疲倦。

科學家曾試圖瞭解，人類的腦子能夠工作多久而不至於使「工作能量減低」，也就是科學上對「疲勞」的定義。令這些科學家們非常吃驚的是，他們發現，透過活動中的腦細胞的血液，毫無疲勞的跡象。但如果你從一個正在做工的工人的血管裡抽出血液，就會發現他的血液裡充滿了「疲勞毒素」；但是如果你從愛因斯坦的腦部抽出血來，即使是在一天的終了，愛因斯坦的血液也不會有任何疲勞毒素在內。

如果只討論腦活動力的話，那麼它「在八個或者十二個小時之後，工作能量還像開始時一樣地迅速和有效率」，腦部是完全不會疲倦的。那麼，是什麼使你疲倦呢？心理治療專家們都說，「我們所感到的疲勞，多半是由精神和情感因素所引起的。」

英國最有名的心理分析家德費，在他那本《權力心理學》裡說：「絕大部分我們所感到的疲勞，都是由於心理影響。事實上，純粹由生理引起的疲勞是很少的。」

美國著名的心理分析家布列爾博士說得更詳細。他說：「一個坐著的工作者，如果健康情形良好的話，他的疲勞百分之百是受心理因素，也就是『情感因素』的影響。」煩悶、懊恨，一種不受欣賞的感覺，一種無用的感覺，太過匆忙、焦急、憂慮等等，這些都是使那些坐著工作的人精疲力盡的心理因素。

為什麼我們在勞心的時候，也會產生這些不必要的緊張呢？何西林說：「我發現主要的原因是幾乎所有的人都相信愈是困難的工作，愈是要有一種用力的感覺，否則做出來的成績就不夠好。」

所以只要我們一集中精神，就會不由自主地皺起了眉頭，聳起了肩膀，要所有的肌肉都來「用力」。事實上這樣的「用力工作」對我們的思考，根本沒有絲毫幫助。

碰到這種精神上的疲勞，應該怎麼辦呢？要放鬆！放鬆！再放鬆！要學會在工作時放輕鬆一點。要做到放鬆並不容易，可是作這種努力是值得的，因為這樣可以使你的生活產生革命性的變化。

威廉．詹姆斯說：「美國人過度緊張、坐立不安、著急以及緊張痛苦的表情……這是壞習慣，不折不扣的環習慣。」

「緊張」是一種習慣，「放鬆」也是一種習慣，而壞習慣應該去除，好習慣應該養成。你怎樣才能放鬆呢？下面是幫你學會怎樣放鬆的四項建議：

一、隨時放鬆自己。你有沒有抱過在太陽底下睡覺的貓呢？當你抱起它來的時候，它的頭就像打濕了的報紙一樣塌下去。要是你能學貓一樣地放鬆自己，大概就能避免這些問題了。

二、工作時採取舒服的姿勢。要記住，身體的緊張會產生肩膀的疼痛和精神上的疲勞。

三、每天自我檢討幾次，問問你自己：「我有沒有使我的工作變得比實際上更重？我有沒有用一些和我的工作毫無關係的肌肉！」這些都有助於你養成放鬆的好習慣。就像大衛·哈羅·芬克博士所說的：「那些對心理學最瞭解的人們，都知道疲倦有三分之二是習慣性的。」

四、每天晚上再檢討一次，問問你自己：「我有多疲倦？如果我感覺疲倦，這不是我過分勞心的緣故，而是因為我做事的方法不對。」

「我算算自己的成效，」丹尼爾·何西林說，「不是看我在一天完了之後有多疲倦，而是看我有多不疲倦。」

○×累了，就先休息

工作是一種樂趣時，生活是一種享受！工作是一種義務時，生活則是一種苦役。

從事勞動力工作的人，如果休息時間夠多的話，那麼每天就可以做更多的工作，這就是休息的好處。

佛德瑞克．泰勒在貝德漢鋼鐵公司擔任科學管理工程師的時候，就曾以事實證明了這一點。他曾觀察過，工人每人每天可以往貨車上裝大約十二點五噸生鐵，而通常他們到中午時就已經筋疲力盡了。

他對產生疲勞的因素做了一次研究，認為這些工人不應該每天只能裝運十二點五噸生鐵，而應該能裝運四十七噸。照他的計算，他們應該可以做到目前成績的四倍，而且不會這麼疲勞，只是必須要加以證明。

泰勒選了一位施密德先生，讓他按照碼錶的規定時間來工作，也就是有一個人站在一邊拿著一只碼錶來指揮施密德：「現在拿起一塊生鐵，走……現在坐下休息……現在走……現在休息。」結果怎樣呢？別人每天只能裝運十二・五噸生鐵，而施密德每天卻能裝運到四十噸。

而當佛德瑞克．泰勒在貝德漢鋼鐵公司工作的那三年裡，施密德的工作能力從來沒有減低過，他之所以能夠做到，是因為他在疲勞之前就休息：每個小時他大約工作二十六分鐘，休息三十四分鐘。他休息的時間要比他工作的時間多——可是他的工作成效卻差不多是其他人的四倍。

為了有效地防止疲勞，應該在感到疲勞之前就休息。這一點為何重要呢？因為疲勞增加的速度快得出奇。

美國陸軍曾經用幾次實驗證明，即使是年輕人，如果不帶背包，每一小時休息十分鐘，他們行軍的速度就加快，也更持久，所以陸軍強迫他們必須要有休息的時間安排。

一個人的心臟每天運作出來流過你全身的血液，足夠裝滿一節火車裝油車廂；每二十四小時所提供的能力，也相當於用鏟子把二十噸煤鏟上一個三尺高的平臺所需的能量。你的心臟能完成這麼多令人難以相信的工作量，而且持續五十、七十甚至可能九十年之久。你的心臟怎麼能夠承受得了呢？

哈佛醫院的華特・坎農博士解釋說：「絕大多數的人都認為，人的心臟、整天不停地在跳動著從不休息。事實上，在每一次收縮之後，它有完全靜止的一段時間。當心臟按正常速度每分鐘跳動七十下的時候，一天二十四小時裡，實際的工作時間只有九小時。也就是說，心臟每天休息了整整十五個小時。」

在二次大戰期間，英國首相邱吉爾已經六十多歲了，還每天工作十六個小時，指揮作戰，實在是一件很了不起的事情。他保持能量的祕訣在哪裡？他每天早晨在床上工作到十一點，看報告、口述命令、打電話，甚至舉行很重要的會議。吃過午飯以後，上床睡一個小時。

到了晚上，在八點鐘吃飯以前，他要上床睡兩個鐘頭。他並不是要消除疲勞，因為他在感到疲勞之前就防止了。也因為他經常休息，所以可以很有精神一直工作到半夜之後。

約翰·洛克菲勒也創了兩項驚人的紀錄：他賺到了當時全世界為數最多的財富，也活到九十八歲。他如何做到這兩點呢？最主要的原因當然是他家裡的人都很長壽，但另外一個原因是，他每天中午在辦公室裡睡半小時午覺。他會躺在辦公室的大沙發上——在睡午覺的時候，哪怕是美國總統打來的電話，他都不接。

在《為什麼要疲倦？》的書裡，丹尼爾·何西林說：「休息並不是絕對什麼事都不做，休息就是修補。」在短短的一點休息時間裡，就能產生很強的修補能力，即使只打五分鐘的瞌睡，也有助於防止疲勞。

棒球名將康黎·馬克說，自己每次出賽之前如果不睡一個午覺，到第五局就會覺得精疲力盡了。可是如果有睡午覺的話，哪怕只睡五分鐘，也能夠賽完全場，一點也不感到疲勞。愛迪生認為他無窮的精力和耐力，都得益於他能隨時想睡就睡的習慣。

如果你沒有辦法在中午睡個午覺，至少要在吃晚飯之前躺下來休息一個小時，這比喝一杯飯前酒要便宜得多了。如果你能在下午五點、六點左右睡一個小時，你就可以在你生活中每天增加一小時的清醒時間。

為什麼呢？因為晚飯前睡的那一個小時，加上夜裡所睡的六個小時——一共是七小時——對你的好處比連續睡八個小時更多。

講究「休息的藝術」

每一點滴的進展都是緩慢而艱巨的，一個人一次只能著手解決一項有限的目標。

休息的藝術屬於生活的藝術的一部分。因為一個過度疲勞、急需休息的人不會做出任何有效率的工作。

如果一個人徹夜未眠，次日清晨大腦可能會拒絕工作。當疲勞是出於體力不支時，休息還算不上一門艱難的藝術，人會跟動物一樣倒頭便睡。但是，當大腦疲勞時，往往急需睡覺的人卻難以入眠。

現代文明為我們提供了更多的休息時間，我們應該學會利用這些時間，講究「休息的藝術」。

一、從事不是工作的休閒

某些事情對別人來說是工作，對我們來說卻是休息。唱歌、種花、打魚、狩獵、做家具，但這些事對演員、花匠、漁夫、獵手和木工來說是工作，而對於業餘愛好者卻是消遣活動，儘管付出了很大的勞動。首先，由於工作的改變，使人體不同的肌肉和神經得到運動，成為一種自身的休息。再則，業餘愛好者可以在這些活動中感受到成功的喜悅。他們做這些事，完全自由自在，想停便停，沒有任何束縛。

二、玩遊戲

遊戲是一項更不存有利害關係的活動，因為其目的不是解決實際問題，而是遵守一些隨意制定的規則，接受與否悉聽尊便。

棋手也好，牌手也好，都不是在與物質世界抗爭，而是向純智力領域挑戰。其中存在著兩種休息的因素：他知道損失的那一部分無關緊要，也知道偶然的介入是有限的，應當注重良好的體育道德。

三、看表演

不論是看表演、看電影，這類活動能讓人靜靜地觀賞。為什麼說這是一種休息呢？因為在藝術的世界中，我們不要求做出任何決定。戲劇雖是能夠打動我們的心，反映我們的現實生活，但它是在一種臆造的環境中進行的，這一點我們的內心十分清楚。

四、旅遊

出外旅遊本身就是一種休息。我們大家時常需要沐浴在清新自由的環境下。即使在緊張中，常規和紀律也使我們覺得快活。再者，這類短期旅遊休息時間並不長，外出幾日，讓自己能心曠神怡，這是再好不過的結果。

腦袋越用才會越靈活

如果你想一生擺脫苦難，你就得是神或者是死屍。想想他人的不幸，你就能坦然面對人生。

你擔心自己腦袋不靈光嗎？你擔心自己被社會淘汰嗎？讓自己的腦袋保持無窮能量是有技巧的：

一、大腦越用越靈活

一個人的腦力是否有限？大腦是越用越靈還是越用越衰退？為了保護腦功能就應該少用腦嗎？現代腦科學對這幾個問題的答案是明確的：一個人對他的腦的使用來說，其潛在能力可以說是無限的。

腦不是越用越笨，而是越用越靈。為了保護腦，應該多使用腦力，勤記憶、勤思考。

這些回答並非是憑空捏造的心理安慰，而是基於科學的觀察和研究。從結構上分析，人腦一百五十億個神經細胞之間有著複雜的突觸聯繫，這種聯繫的組合用天文數字都難以表達。

科學家發現，學習、記憶的結果，可使神經細胞的微細結構發生變化，表現在樹突上會「長芽」。這樣的結構特點就使腦成為一個龐大的資訊儲存庫。科學家估計，一個人的大腦在一生中儲存的知識，有可能達到相當於美國國會圖書館藏書（有一千多萬冊）的五十倍。

這就說明，每個人的記憶容量就其現實性來說是無限的，是總有空餘的地方的。隨著年齡的增長，機械記憶的效果雖然逐漸降低，但有意識記憶和意義記憶的能力卻在增長。

此外，從二、三十歲以後，人的大腦皮層神經細胞估計每天要死去十萬個，但到八、九十歲，留下來的神經細胞仍然很多，大量的神經細胞還未使用。

根據日本的調查資料顯示，平日工作緊張多用腦的人，智力比懶散者高五〇％；平常智力負荷很少，沒有學習和思考方面的壓力，甚至整天無所事事、思想懶惰者，智力衰退較早，老年時易出現反應遲鈍、腦力不濟，以至老年癡呆症。

還有不少心理學研究證明，學歷及職業的智力水平高的老人，比照歷來智力活動較少的老人，腦的老化和智力的衰退要慢得多、輕得多。

因此可以認為，「懶於學習思考」會使大腦出現廢用性萎縮，而追求知識、勤於思維，則是精神上返老還童的妙藥。

二、防止大腦過度疲勞

要多用腦，這是從整體來說的，但就每天、每次的腦力活動來說，又必須注意保護腦，不可使腦過度疲勞。

合理用腦需要注意下面幾點：

及時作短暫的休息──腦力活動是腦內旺盛的代謝過程，時間長了，消耗的營養物質和堆積的代謝廢物增多，達到一定程度，就會感到疲勞。一般說來，大腦連續進行緊張智力活動的時間不宜太長──學齡前兒童十五分鐘左右，中學生半個小時至一小時，成年人約一點五小時，便應當有一小段休息時間。

學習和工作穿插安排——交替學習內容差別較大的不同課程，比長時間讀一門功課的效率高。這樣做，可使大腦管理不同功能的部位得到輪流的興奮與抑制，避免長時間使用一個區域，以保持大腦的高工作效率。

生活要有規律——科學家透過試驗證明，長期生活在沒有陽光和鐘錶的地洞裡的人，體溫、心率、活動情況等仍然保持著大約二十四小時一個周期的正常生活睡眠節律。如果我們的生活作息制度與此節律相一致，那麼，只要我們一上床就會很快入睡，一到起床時間就會自然覺醒。相反的，不定時起床就寢，任意顛倒睡眠的節奏，就會影響身體健康，甚至產生神經衰弱和其他疾病。

有規律的生活還有利於大腦皮層把生活當中建立起來的各種條件反應形成固定的「生理時鐘」。也就是說，如果每天的各項活動經常以相同的順序和固定的時間間隔出現，就會透過大腦皮層的綜合作用，把一系列活動聯繫起來，形成一個內部神經過程的系統，即「生理時鐘」，進而使各種腦力和體力的活動進行得更容易、更熟練、更省力。

保持足夠的睡眠——睡多長時間才算夠？成年人每天平均要睡七～九小時。睡眠的好壞並不全在於「量」，還在於「質」，即睡眠的深度。深沉而品質高的睡眠，消除疲勞快，睡眠時間可減少。

不能一律規定每人每天睡眠時間為八小時，而應該根據睡醒後的自我感覺是否良好來判斷睡眠時間是否足夠。

過多的睡眠不但沒有必要，反而有害，會使頭腦更為昏昏沉沉，就無法保持正常工作所必需的興奮水平。

三、保持大腦的最佳狀態

人體是一個統一的整體，腦的最佳狀態自然要依賴於健康的身體。體質健壯、精力充沛，大腦的工作效率和對疲勞的耐受能力也強。而為了身心健康，堅持體育鍛鍊、保持積極的情緒、培養多方面的興趣、講究衛生、防治疾病等，都是十分必要的。

適當從事體能活動——體能活動是一種積極性休息，此時管理體能活動的腦細胞處在興奮狀態，而掌握緊張思考的腦細胞也能得到休息。

運動能夠鍛鍊神經系統對疲勞的耐受力，加強大腦中供應能量的高能磷酸化合物的再合成過程，進而保持大腦的正常機能運作，使疲勞延緩出現。

在工作間隙作短時的運動安排，還可使已疲勞的視覺和聽覺感受力提高三〇%。由於活動促進血液循環和呼吸，腦細胞可以得到更多的氧氣和營養物，因而代謝加速，腦功能有所增強。這些都是體能活動對腦功能的即時性良好影響。

從累積性長期效果來看，體能鍛鍊可以改善迴圈、呼吸、消化等各個系統的機能，進而增進身體健康，延緩腦力的衰退，有效地提高大腦活動的靈活性和準確性。

保持積極情緒——人們把情緒分為消極的和積極的兩類：前者是不愉快的，如憤怒、悲傷、焦慮等，有損身體，也有損腦的工作能力；後者是愉快的，如喜悅、自信、安寧等，對身體有利，也有利於腦的工作。只要能保持積極的情緒，就產生自我催眠，而對於那些疲勞的假象也能快速消除。

○× 思想有如源源不絕的泉水

過去的錯誤的學說不宜忘掉不談，因為各種真理都要在和錯誤鬥爭之中，才能維持他們的生命。

差不多任何年紀的人都怕老。一位專門研究老年問題的心理學顧問發現，來找他的人不少是三十多歲的男女，他們都擔心老之將至，想知道怎樣祛除這種憂慮。下面是這位心理學顧問的建議：

一、要意識到生物時間與鐘錶時間並不盡同

歲月越增，生物時間就過得越慢；年齡越大，老得越慢。三十　四十歲之間的生理變化，並不像二十五　三十歲之間的那麼大；五十五　七十五歲之間的生理變化也不能和四十　五十歲之間的情形相比。

日曆使人對年齡產生誤解的另一個原因，就是身體各部分衰老的速

度不同。你十歲時眼睛就開始衰老了，二十歲左右聽覺也開始衰老。到了三十歲，臂力、反應速度與生殖力都已過巔峰。但另一方面，你的心智到五十歲時還正年輕，而且仍在成長，腦力活動到六十歲始達巔峰，六十歲以後才極緩慢地衰退，直到八十歲。

到八十歲時，人在心智方面可以和三十歲時一樣靈活，而且經驗更多。年紀大的人，記憶力常會減弱，但有創作意境的想像力卻不受年齡限制。隨著年齡增加，我們領悟得越多，見解也更透徹，判斷力與理解力也提高了；同時由於經驗豐富，解決難題的方法也更高明，簡而言之，我們獲得了智慧。這足以解釋為什麼年老的醫生、資深的律師、經驗豐富的工匠，還能跟年輕力壯的同業一爭短長。

切不可錯把感情上的未成熟狀態與真正的青春混為一談。真正年輕的人一定也是成熟的人。感情上不成長的男女，通常容易早現老態。有些人到了晚年，思想行動幼稚，返老還童，就因為他們一直沒有真正度完童年階段。有人裝扮得比自己實際年輕，正表示在感情上尚未成熟。

二、只要保持心智靈活，就能青春長駐

不妨對周圍的事物多加注意、關心，每天至少學一樣新東西，最重要的是不可「安於現狀」。心理學家慣見人從三十五歲左右開始就分為兩種類型。有些人不但對家庭與職業的興趣濃厚，對其他事物也不斷增加興趣：他們閱讀報紙雜誌，忙於有益的嗜好，尤其是熱衷那些需要動手動腦的玩意。

而另一種人從三十五歲就開始沉溺在平淡而舒適的刻板生活中。每天上班、回家、吃飯，看看報上的漫畫和體育版，再看看電視，然後睡覺。他的妻子也是天天做家務，照顧孩子，看電視，偶或看本愛情小說，參加打牌的聚會。

第一種類型的人隨著歲月而越來越年輕，第二類種型的人如果不改變生活方式，到四十五歲就老了。不管你年紀多大，都可以從事點興趣來增加生活情趣，絕不會為時太遲。

有一位主婦，她從前並無工業設計的經驗，到五十歲才開始學習，結果成為傑出的工業設計師；有位退休的電機工程師也成為享受高薪的

陶器藝術家。還有一位七十歲的老人，兒孫們都認為她該安享餘年了，她卻為新婚少婦開辦了一所烹飪學校，而且很成功。一位老先生，他七十歲才進醫學院，後來成了名醫。另一位老先生五十一歲才進法學院，現在是位活躍的律師。

多學一門技能，永遠都不嫌太遲。不管年紀大小，努力向前的人就容易保持青春。你只要肯試，一定可以做到。內心保持清明與活躍，是一錠有效的長春仙藥。

×精神健康就不會老化

一個訓練有素的思想家的主要特點在於，他不在佐證不足的情況下輕易做出結論。

「精神健康」的重要性不在身體健康之下，對於從事腦力工作的人來說，保持精神健康、防止精神老化其意義更為重要。同時，不要以為這只是老年人的事，對年輕人來說也同樣重要。因為青年人正在學習和創造，處於用腦較多的時期，如何保持旺盛的大腦活力，防止精神未老先衰，更有其必要性。精神老化不像身體老化那樣是一種不可抗拒的自然規律。精神老化可以透過有意識的鍛鍊，延遲它的到來。

下面介紹一些讓自己保持精神健康的方法：

一、多與人交談

在創造學中有一條很重要的經驗，就是許多發明創造都是發明家在與別人的交談中，得到啟發產生靈感的。

對於一位學者來說，參加學術報告會、討論會，實在是必不可少的，因為在這些場合，他們不僅可以從同行們的發言中得到啟發，而且，在自己作報告或與同行的交談中，可以使自己的大腦得到鍛鍊。經常鍛鍊的人必定身體強壯，同樣地，經常說話，尤其是在陌生人面前說話，無疑是對大腦的一種鍛鍊，能促進大腦功能的進化。有演講經驗的人都有這樣的體會，當你面對成百上千的聽眾講話時，你的思路會變得敏捷起來，各種原先沒有想到的內容會像噴泉似地湧現在腦海裡，連你自己也不知不覺地會脫離講稿，作一妙語連珠似的精彩講演。

二、多聽輕鬆的音樂

人的大腦的左右兩腦負擔著各種不同的功能。人的語言、計算、分析等功能，都由大腦的左腦負擔。當工作一天下來休息時，能聽聽音樂是有好處的，因為音樂只進入右腦，這時，可以讓左腦得到充分的休息。

需要指出的是，所聽的音樂應當是純粹的旋律音樂，即不帶歌詞的優雅的音樂。如果聽的是歌曲，其中有歌詞，這部分文字資訊將進入大腦的左腦，結果使左腦得不到充分休息。還要指出的是，聽音樂時不能邊聽邊思考其他問題，而必須陶醉在音樂聲中，因為思考問題時必須借助語言的分析潛能，這會導致大腦左腦繼續在活動。

三、多背誦、勤記憶

美國某電機公司有個八十二歲的老職員，他不僅身體健康，而且一直精神飽滿。使他長保青春的祕訣何在？原來他在五十歲那年從一本雜誌上看到，防止大腦老化的最好方法是「學習外語」。

這對他觸動很大，於是從那時起，他就堅持收聽廣播外語，每天做習題，向人請教。後來，他還進了業餘外語學校，先後學習了德語、法語、俄語、拉丁語、西班牙語等幾種語言。他這樣勤學外語的目的，既非出於工作需要，也不是為了業餘愛好，而是為了鍛鍊自己的大腦，防止老化。結果證明收到了很好的效果。

四、集中注意力

「集中注意力」對一個人來說是很重要的。思考問題、創造發明等智慧性的大腦活動，都需要有高度的注意力集中。據說，德國大哲學家康德每天早晨要眼睛盯住窗外的樹木看三十分鐘，以此來鍛鍊自己集中注意力。有意識地鍛鍊自己集中注意力，能促進大腦功能的發展。

集中注意力的鍛鍊方法多種多樣，這裡介紹一種鐘聲訓練法。保持正確的坐或睡的姿勢，靜心地傾聽鬧鐘的嘀嗒聲。開始聽時，感到聲音輕而且遠。經過一段時間鍛鍊後，會感到聲音變響了，而且距離也近了。當你感到聲音是從周圍牆壁和門窗上反彈回來時，這表明你的注意力已集中到驚人的地步。做好這個訓練再去學習其他新的事物時，你會感到集中注意力的效果大增。

五、多動筆寫文章

科學研究證明，經常使用大腦，不但不會使它老化，反而能防止老化。寫文章時也會需要大量的腦細胞支援。要使文章寫得文理通順、段落清楚、結構緊湊、描寫生動、用詞得當，需要調動大腦的許多部位來參與這項工作的執行，這就使整個大腦得到一次很好的鍛鍊。因此，經常寫文章是保持大腦的活性，防止大腦老化的有效方法。

六、多做口腔運動

人在疲倦時，打個呵欠，伸伸懶腰，就能消除疲勞。

科學家們發現，打呵欠、講話、朗讀甚至像漱口等嘴巴上下顎和口腔的運動，都能對增強大腦功能有好處。這是因為口腔是離大腦最近的器官之一，對口腔和咽喉加以運動刺激，就能促使腦部血液供應充分，使腦的功能加強。例如，打呵欠就是因為大腦處於缺氧狀態而引起的，打了呵欠後，可以增加血液中的含氧量，而對改善大腦缺氧狀況大有好處。改善大腦的氧氣供應，乃是增進大腦功能的重要一環。

七、多散步、勤走路

古希臘哲學家亞里斯多德在教學生們學習哲學時，總是一邊在樹林裡散步，一邊講授和學習。那時的人們認為從事「用腳走路」的體能活動能增強腦的活力。現代運動生理學的專家們認為，鍛鍊腿部肌肉確實能消除大腦的疲勞。因此，多走動、多散步對防止大腦老化是有正面幫助的。

用心創造幸福生活

信念是由一種願望產生的，因為願意相信才會相信，希望相信才會相信，有一種利益所在才會相信。

著名哲學家羅素指出：「真正的幸福絕不會光顧那些精神麻木、四體不勤的人們，幸福只在辛勤的工作和晶瑩的汗水中。」懶惰會使人們精神沮喪、萬念俱灰，惟有透過工作才能創造生活，給人們帶來幸福和歡樂。

任何人只要工作，就必然要耗費體力和精力，工作也可能會使人們精疲力竭，但它絕對不會像懶惰一樣使人精神空虛、精神沮喪、萬念俱灰。

馬歇爾．霍爾博士認為：「沒有什麼比無所事事、空虛無聊更為有害的了。」

美因茲的一位大主教認為：「一個人的身心就像磨盤一樣，如果把麥子放進去，它會把麥子磨成麵粉，如果你不把麥子放進去，磨盤雖然也在照常運轉，卻不可能磨出麵粉來。」

那些遊手好閒、不肯吃苦耐勞的人總是有各種不同的藉口，他們不願意好好地工作、用心思考，卻常常會想出各種主意和理由來為自己辯解，比如：「那山太難爬了！」或者「那沒必要試——我已經試過多次了，都沒有成功，無須再試了。」

針對這種種詭辯，塞繆爾．羅米利先生曾寫信給一位年輕人說：「你這懶惰行為，所謂沒有時間等等，都只是一種藉口，你總是用種種不同的藉口來為自己辯解，我看你最根本的性格就是『不肯努力，不肯下功夫』，你的理論就是這樣：每一個人都會把他能做的事情做好的。

如果有哪一個人沒有做好自己的事情，這表明他無法勝任這件事情。你沒有寫文章表明你不能夠寫，而不是你不願意寫。你沒有這方面的愛好證明你沒有這方面的才幹。這就是你的理論體系——一個多麼完整的理論體系啊！但如果你這個理論體系能為大眾普遍接受的話，它將會產生多大的負作用啊。」

確實，一心想擁有某種東西，卻害怕或不敢或不願意付出相應的勞動，這是懦夫的表現，無論多麼美好的東西，人們只有付出相應的工作和汗水，才能懂得這美好的東西是多麼地得來不易，因而愈加珍惜它，人們才能從這種「擁有」中享受到快樂和幸福，這是一條萬古不變的原則。

即使是一份悠閒，如果不是透過自己的努力而得來的，這份悠閒也就並不甜美。不是用自己工作和汗水換來的東西，你就沒有為它付出代價，你就不配享用它。

一個無所事事的人，不管他是多麼和藹可親、多麼好的人，不管他的名聲如何響亮，他過去不可能、現在也不可能、將來也不可能得到真正的幸福。

「生活就是工作，工作就是生活。」熱愛自己的工作、尊重工作是保持良好品德的前提條件，只有熱愛工作、盡職盡責，才能擺脫由於沉溺於自私自利之中而帶來的無數煩惱和憂愁。

或許有人認為躲在自己的小天地裡，兩耳不聞窗外事就能避免煩惱和不幸。許多人都已經這樣試過，但結果總是一樣。無論是誰，他既不可能躲避煩惱和憂愁，也不可能避開辛苦的工作，工作和煩惱乃是人類無法逃避的命運之神。那些盡力躲避煩惱的人，煩惱卻總是找上門來，憂愁也總是光顧他們。

有些懶惰的人總想做些輕鬆的、簡單的事情，但大自然是公平的，這些「輕鬆的」、「簡單的」事情對於懶惰者而言也會變得很困難、很艱難。即使從最庸俗的意義上講，適當從事有益的工作也是有必要的。

不工作就不應該享受工作所帶來的快樂。

「我們睡得相當酣甜，」斯科特先生說，「當我們被雇用的時候，我們也感到很幸福、很快樂；適當的休息、必要的休閒這都是人人所希望的，但這一份清閒必須是透過自己的努力學習和辛苦工作贏來的才具有意義，才會使人享受到工作之餘的樂趣。也只有這樣活著，我們的生活才會充滿著無限的幸福感。」

戰勝無聊和苦悶的最好辦法就是勤奮地工作、滿懷信心地工作，一個人一旦努力的工作，快樂自然就會來到你的身邊，無聊和單調的感覺就會逃之夭夭。勤奮地工作、愉快地工作是高效能的人的必備素質。

為理想付出努力

對一個人來說，所期望的不是別的，而僅僅是他能全力以赴和獻身於一種美好的事業。

人們常常驚訝於藝術家的創造性的才能，愛用「天才」和「靈感」這樣的術語，去解釋作家的智力。其實，作家的內省智慧，雖然與觀察、記憶、想像、美感能力有關，但是，影響作家成功的條件，並非都是智力作用的結果。

布封有句名言：「天才即耐心。」

高爾基說：「天才就是工作。」

歌德說：「天才所要求的最先和最後的東西，都是對真理的熱愛。」

海涅說：「人們在那兒高談闊論著天才和靈感之類的東西，而我卻像首飾工匠打鏈那樣地精心地工作著，把一個個小環非常合適地聯結起來。」

顯然耐心努力的工作，對工作的堅持性，都在實踐中促進了藝術家智力的發展。可見，在研究成功者的智慧結構的時候，不能忽略其非智力因素。非智力因素，又叫人格因素，俗話說：「勤能補拙」。勤奮學習，堅持不懈，愚笨的人也可以變得聰明起來。

學者統計過世界上五十三名學者（包括科學家、發明家、理論家）和四十七名藝術家（包括詩人、文學家、畫家）的傳記，發現他們除了本人聰慧以外，還有以下共同的人格特質：

- ✔勤奮好學，不知疲倦地工作。
- ✔為實現理想，勇於克服各種困難。
- ✔堅信自己的事業一定會成功。
- ✔有進取心，對工作有高度的責任感。

可見，在文藝和科學上卓有成就的人，並非都是智力優越者。這與其個人主觀上在艱苦奮鬥、克服困難是分不開的。

丹麥童話作家安徒生家道貧寒。他曾想當演員，不過劇團經理嫌他太瘦；他又去拜訪一位舞蹈家，結果被奚落一番後給轟了出來。他流浪街頭，以頑強的毅力刻苦學習，終於成為世界著名的童話作家。

高爾基的童年，也並未表現出某種天才的特質。他想當演員，報考時，未被看中；他偷偷地學習寫詩，把寫下的一大本詩稿送給柯洛連科審閱，這位作家看了他的詩稿說：「我覺得你的詩很難懂。」高爾基傷心地把稿子燒了。在以後漫長的流浪生活中，他發憤讀書，不斷累積社會經歷和人生經驗，終於成為文壇的大文豪。

安徒生和高爾基成長的道路說明，人生有極大的「可塑性」。天才成長的非智力因素方面很多，有的表現為社會責任感、理想和志向，順應時代潮流；有的表現為個人心理和人格特徵，如有志氣、有恆心、有毅力、不自卑，在成績面前永不滿足。研究名人的成長道路，可以發現幾乎沒有一個人成功的過程是一帆風順的。

列夫．托爾斯泰寫《復活》，寫了十年，僅開頭的構思就修改了二十餘次。

巴爾扎克開始寫作詩體悲劇《克倫威爾》和十幾篇小說，無人問津，只好放棄文學。他再次拿起筆來是二十九歲以後。他以每日伏案工作十小時以上的驚人毅力，完成一部又一部巨著。

在成功道路中，重要的是對自己的學識、才能、特點有相當程度的自我了解，努力爭取主客觀默然契合。實踐告訴我們，成功永遠光顧那些為理想付出了心血的實幹家。

成長階梯 78

你可以選擇這樣愛自己

編　　著　張宇飛
出 版 者　大拓文化事業有限公司
執行編輯　林秀如
封面設計　林鈺恆
內文排版　姚恩涵

總 經 銷　永續圖書有限公司
劃撥帳號　18669219
地　　址　22103 新北市汐止區大同路三段一九十四號九樓之一
TEL　（〇二）八六四七—三六六三
FAX　（〇二）八六四七—三六六〇
E-mail　yungjiuh@ms45.hinet.net
網　址　www.foreverbooks.com.tw

CVS代理　美璟文化有限公司
TEL　（〇二）二七二三—九九六八
FAX　（〇二）二七二三—九六六八

法律顧問　方圓法律事務所　涂成樞律師

出 版 日◇　二〇二〇年一月

國家圖書館出版品預行編目資料

你可以選擇這樣愛自己 / 張宇飛編著.
-- 一版. -- 新北市 : 大拓文化, 民109.01
面；　公分. -- (成長階梯；78)
ISBN 978-986-411-111-4(平裝)
1.自我實現 2.生活指導

177.2　　　　108019469

謝謝您購買 **你可以選擇這樣愛自己** 這本書！

即日起，詳細填寫本卡各欄，對折免貼郵票寄回，我們每月將抽出一百名回函讀者寄出精美禮物，並享有生日當月購書優惠！

想知道更多更即時的消息，歡迎加入"永續圖書粉絲團"

您也可以利用以下傳真或是掃描圖檔寄回本公司信箱，謝謝。

傳真電話：（02）8647-3660　　信箱：yungjiuh@ms45.hinet.net

☺ 姓名：＿＿＿＿＿＿　□男　□女　□單身　□已婚

☺ 生日：＿＿＿＿＿＿　□非會員　□已是會員

☺ E-Mail：＿＿＿＿＿＿　電話：（　）＿＿＿＿

☺ 地址：＿＿＿＿＿＿

☺ 學歷：□高中及以下　□專科或大學　□研究所以上　□其他＿＿＿＿

☺ 職業：□學生　□資訊　□製造　□行銷　□服務　□金融
□傳播　□公教　□軍警　□自由　□家管　□其他＿＿＿＿

☺ 您購買此書的原因：□書名　□作者　□內容　□封面　□其他＿＿＿＿

☺ 您購買此書地點：＿＿＿＿＿＿　金額：＿＿＿＿

☺ 建議改進：□內容　□封面　□版面設計　□其他＿＿＿＿

您的建議：＿＿＿＿＿＿

廣告回信
基隆郵局登記證
基隆廣字第 57 號

新北市汐止區大同路三段一九四號九樓之一

大拓文化事業有限公司收

請沿此虛線對折免貼郵票，以膠帶黏貼後寄回，謝謝！